品牌來時路

Creative 2　　陳郁秀 —————— 著

台灣文創品牌的新思路

吳靜吉 | 政大創造力講座 / 名譽教授

閱讀陳郁秀教授的《Creative. 文創大觀 2：台灣品牌來時路》，不禁想起法國畫家高更的兩幅畫作《妳幾時結婚》與《我們從何處來？我們是誰？我們往何處去？》和哈佛大學神經科學博士莉莎·潔諾娃（Lisa Genova）的小說以及據此改編的電影《我想念我自己》（*Still Alice*）。

高更（Paul Gauguin, 1848 – 1903）以大溪地兩名女子為題材的一幅油畫《妳幾時結婚》，2015 年 2 月 5 日以三億美元（九十五億台幣）創下藝術品最高價格成交的紀錄。這個作品是高更 1892 年到大溪地的第二年完成，雖然他本人及其作品生前並未獲得如期的認可，卻於一百二十三年後提供了文創產業一個特殊的品牌成功案例和遙遠可及的希望。

我很喜歡維基百科對這幅畫作的描述：「畫面背景以綠、黃和藍色構成，其中是熱帶塔西提島景色，用色明亮。畫中最前面的女性穿著著當地的傳統服裝，半跪在地上。後面的女子穿著的服飾受到了西方社會的影響，帶有高領。毛雷爾（Naomi E. Maurer）認為後者的手勢是佛教的手印，帶有恐嚇或警告的意味。」

這樣的描繪和詮釋似乎可以用來形容台灣文創產業的處遇。
傳統與現代、在地特色和外來文化在台灣的土壤上或衝突或
交匯，多年來也孕育不少鮮明的文創作品，有些作品也已經
成為國際知名的台灣品牌。雖然現在未必能創造如《妳幾時
結婚》那樣的產值，但誰知道一百年後哪些作品一樣有機會
大放異彩。

根據毛雷爾佛教的手印之詮釋，此刻的台灣要發展文創產
業，尤其是建構台灣品牌必須有所警惕。

我認為「我們從何處來？我們是誰？我們往何處去？」的三
個問題，正可以用來捫心自問台灣文創品牌的發展。

台灣文創的來處充滿文化底蘊、在地特色、多元經驗、蓬勃
活力，但台灣文創的未來要往何處去？百年後，能不能有
「妳幾時結婚」的產值，不是我們今天要問的問題，我們要
問的是，我們從何處來？我們是誰？我們往何處去？一方面
透過盤點歷史的記憶和值得發揮的特色來催化文創作品、服
務和品牌，另一方面也要清楚我們是誰，找尋文創的定位和
認同，並思考未來的品牌想像。

可惜，一直以來我們很少多元有效地盤點台灣的文創記憶，反而經常期待立竿見影地鎖定量化目標，而缺乏長遠的視野。在大數據的時代，在文創產業已成為許多國家經濟發展的期許。在全球化和在地化相互喊話或眉目傳情的世界，我們如何定位台灣的文創？我們又如何在文創大觀中建構台灣品牌呢？

茱莉安‧摩爾（Julianne Moore）因扮演改編自《我想念我自己》小說中的愛麗絲‧赫蘭（Alice Howland）而獲得今年第八十七屆奧斯卡金像獎最佳女演員。愛麗絲是哈佛大學（電影中改為哥倫比亞大學）語言學教授。她聰明美麗又有智慧，卻在五十歲事業高峰時發現自己患了早發性阿茲海默症。在一次對阿茲海默症協會演講時，她說：「我的昨天消失了，明天還是未知數，我該為了什麼而活？我為每一天而活，我活在當下。」

《Creative. 文創大觀 2：台灣品牌來時路》一方面提醒我們不要失去並進一步有意地珍惜和保存記憶，另一方面則是刺激文創產業的未來想像。最重要的是，我們必須活在當下，為每一天而活、為台灣的文創、為台灣的品牌而活。陳郁

秀在書中的所有個案都扮演關鍵的角色，是她擔任文建會主
委、國立中正文化中心董事長、白鷺鷥文教基金會董事長、
大學教授等眾多角色當中唱作俱佳的文創大觀，邀請我們開
放心胸進入大觀園，賞識她的這些台灣品牌的來時路。

吳靜吉

航行於藍海中的唯一

廖嘉展 | 新故鄉文教基金會 董事長

清代居台灣西部的平埔族稱內山為「沙連」，且內山有日月潭的湖水，所以泛稱大埔里地區為「水沙連」，自古這裡就是各世代的殺戮戰場，各族群的矛盾幾乎在水沙連地界以鮮血拚輸贏。

水沙連山青水秀的內裡，其實隱藏著衝突背後的競奪、缺乏互信、沒有認同，而這些因戰爭、因亡命、因討生活先後來到水沙連的新住民，他們有各自的地盤，有各自的利益關係。如何打破以自我為中心的價值體系，透過尊重彼此的差異，透過對生活的這片土地的認同，進而讓不同的社群在這生態豐富、文化多元的水沙連，如何共創人與環境共生共榮，就成為水沙連自古以來的課題。

在此歷史背景下，1999 年的 921 大地震所帶來的巨大衝擊，是一大危機，也是一大轉機。新故鄉文教基金會受邀進入桃米社區協助重建，社區想發展新產業，希望有個可以擺脫窮困的新生活。在經過社區資源的差異化分析後，找到生態村與生態產業共構發展的願景，並結合跨域專業，以學習建構新的知識與價值體系。解說員認證完成後，開啓生態旅遊的營運，青蛙成為桃米的老闆，翻轉了一個山村的宿命，並引領一個區域的發展。新故鄉、紙教堂與桃米都成為 921 地震之後的重要品牌，青蛙、蝴蝶的意象，就成為文化產品創意

的來源。

把這經驗放大到台灣來看，移民社會的台灣，現階段仍在意
識形態對抗的階段，2014 年九合一選舉之後，雖有鬆動的
跡象，但大環境仍是如此。找不到台灣認同，屬於台灣獨特
的品牌，也就難以產生，以至於會有各吹各的調，這純屬發
展過程的必然現象。

從這個角度來看郁秀董事長的《Creative. 文創大觀 2：台灣
品牌來時路》這本書，可見她獨到的眼光，如何在文化及生
態的元素中，攝取從生活中來的智慧，揉合轉化出感人的情
愫，其中的價值，呈顯來自土地動人的力量，台灣紅，台灣
青，台灣金，這些「台灣豐彩」都是代表作。

然而，也因現代快速變遷的社會，或是移民社會的不安全
感，欠缺來自土地的生命連帶，這些元素所創造的產品，要
走入常民生活，往往還有一段距離。台灣從土地長上來這麼
豐富與多元的文化，它如何成為生活者的驕傲，透過政府的
政策支援，跨域的合作，培養生活社群的發展能力，成為一
種全新的生活創意產業，方能讓這沃土長出無可替代的品

牌。我們從這本書中看見諸多先行者，不管是社區、大企業，或是微型產業，都可以看見台灣價值轉型中，對摯愛的土地所做出的動人貢獻；品牌與公益，品牌成為社會企業創新的經營模式，我們也在書中看見重要的經驗。

品牌是個人、社區、國家實力的展現，品牌已從競爭走上「戰爭」，如何讓品牌成為在藍海中航行的唯一，品牌百花齊放，又各有生存空間，即是我們要面對的當代品牌治理課題。也唯有面對這挑戰，我們才可把過去的衝突化成養分，讓它澆灌屬於台灣這塊母親的沃土。

向在藍海中航行的各位集體英雄們致敬，我們正在開創一個屬於台灣新世紀的到來。

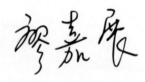

自序
台灣品牌來時路
陳郁秀

《台灣品牌來時路》書寫的不是政策、策略、法條、規畫，而是原理、流程、實踐與態度。

它是《文創大觀》系列中的第二本書，距第一本《台灣文創的第一堂課》的出版，足足有兩年的時間。在這兩年間，「文創」兩字似乎在全民生活中發燒，彷彿蓬勃發展，無所不在。但截至目前，產業鏈尚未健全建立，政府經費未落實在刀口上，成功案例與政府、民間財力或心力的投入皆不成比例。所以，我認為對典範的認識非常重要，因而促成《台灣品牌來時路》的出版，讓大家可以探討學習，而不是一味模仿。這是本忠實敘述實例實際內容，以及打造品牌過程中應遵循的原理之書，但我不認為它是品牌創造的範本且保證成功，這樣想法是錯誤的，因為品牌需要「創意」，而「創意」是沒有範本的。其中最重要的是提醒大家不要忘「本」，這個「本」就是起心動念的初衷以及與眾不同的特質，而這個初衷與特質一定源自於「心田」與「土地」。

全書共有十四篇文章，延續《台灣文創的第一堂課》的基本思維，以「原鄉時尚」為核心價值，「國土規畫」及「生活美學」為依歸之台灣文創產業的概念，分別以「國家品牌、

文化意象、文化空間、文化服務、文化產品」五個面向，
以實際執行過程與成果所呈現的案例，希望傳遞親身參與
（「晃陽」和「過河」這兩個案例除外）的感動，分享其歷
程與成就。

「品牌法國」是介紹法國三百年來品牌建立的過程，「品牌
台灣」則對照品牌法國，以我個人所體會，敘說已落實在文
化政策及行動方案中的原理。「文化意象」是以國家、全民
的高度思考如何爲台灣建立「品牌意象」，並分別以「台灣
紅」「台灣青」「台灣金」進行全民運動的歷程，它是現
在進行式，也是我將以畢生之力推動的理想。「文化空間」
則以臺灣歷史博物館、兩廳院綠牆，以及南投由基層啓動的
桃米社區分別說明文化載體的精神與意涵。「文化服務」則
以 2009 年高雄世運會闡述如何把握上天賜予的機會，乘勢
將台灣推向國際；粉樂町則是民間團體如何響應國家政策所
推出的創意空間，創造由下而上的無窮生命力；而晃陽的創
意綠產業則指出台灣已打破農村既有的形式，以二十一世紀
普世價值爲基礎創造出未來的產業，將成爲實踐綠文化生活
的濫觴；最後以鋼鐵產業的翻轉、漆器產業的再生，與大家
分享眾人努力的成果。最後一篇蘇文鈺教授親自執筆的〈過

河〉，則是學術、產業與眾人之力的集合，從社會底層結合教育邁向「社會企業」的案例，文中敘述如何改變腦袋，如何透過集資平台達成目標，以及一路走來所遇到之困難和解決的方式。這十四篇文章幾乎是多年來我所堅持的「原鄉時尚」核心價值的展現，邀請大家分享。

我是專業鋼琴演奏家，少年離家，遠赴巴黎留學，鄉愁早早環繞著我的心田，特別思念台灣，熱愛台灣。回台之後致力於台灣音樂、台灣美術（因父親的關係）的研究，有幸擔任文建會主委，統籌全國文化事務時，全力為建立「台灣文化主體」而努力。主體的累積就是需要有文學創作、藝術創作、科技發明、生活內容創作……等，而我所持的人生態度就是我在音樂領域中的專業態度。

學習鋼琴，必須由人體結構學起，明白用力的關鍵點，例如指力（手指有許多關節，用那一個關節是重點）、腕力、臂力及全身重量之力……，明白之後，還得執行，執行之後還得由音色強弱、厚實、彈跳與硬柔來拿捏使用力量的大小。就如此由一個音、二個音，一小節、二小節，一段，一樂章、二樂章、三樂章……完成全曲的演奏。細節沒處理好，不能

演奏出精緻、優美的音樂音質，但只顧細節，沒有統整的能力及遠大的胸襟和視野，只能讓音樂流於瑣碎、雜陳，缺乏魄力、魅力和磅礴之氣勢⋯⋯，所以要同時具微觀與宏觀的態度，才能圓滿。

我以此態度移植至所有的工作，擔任文建會主委原不在我的生涯規畫，但有幸負責這個職務，我視為自己的福氣，並以音樂專業的態度來執行文化行政的領導工作。之前作音樂時，由鉅細靡遺的探索、錘鍊、突破，到全曲意境、氣勢、詮釋的掌握，一切都由我個人來完成，而台灣主體文化之建立，品牌台灣的落實，是需要全民共同的努力才能成事。換句話說，台灣所有的成就，是由各行各業的人民以專業態度執行各自領域工作之成果匯集而成；而政府應有魄力和智慧訂定願景，建立架構，制定政策，有效分配資源。就如同一棵大樹的成長，需有土、有根，才會有主幹、有枝幹。政府要耕耘土壤，固土培根。以我為例，在擔任主委、秘書長、董事長等公職時，我翻土、播種、培育主幹；不做公職擔任民間藝術總監、策展人、顧問、教授時，我和企業、同好、友人、學生發展枝幹。我珍惜發展過程中培養的革命情感，更積極把握身旁稍縱即逝的所有機會，在和許許多多有心人

合作、共創的歲月中終身學習並樂此不疲。在年近半百的時刻，才由「音樂」專業走向對台灣全面的關照，我的人生態度一路走來，始終如一。

多年經驗讓我深刻的體會，有理想、有目標，永遠朝著同一方向前進，成功則不遠矣，並深信「理想、夢想、願景」之確立是十分重要，但唯有細緻操作執行才能讓美夢成真。品牌的建立非一蹴即成，而「品牌台灣」並不只是我個人理想，也是全民共同的理想。在此我誠摯邀請大家與我同行，以「鑽石台灣」為基底，揉合每個時期台灣人民的生命力、藝術文化內涵、科技發明及生活創意，由意象、空間、服務、產品所有的角度切入，由我們的土地及每個人的心田出發，透過千千萬萬個，由各行各業所創造的「台灣品牌」，完成燦爛的「品牌台灣」。謹以此書獻給所有努力打拚、認真的台灣人民。

本書出版要感謝的人很多，無法一一列名，請見諒，但在此要特別感謝蘇文鈺教授，藉由他之論述，《台灣品牌來時路》得以完整鋪陳，另向張舜華女士、陳繼平先生、白鷺鷥文教基金會方瓊瑤顧問和賴淑惠秘書、新境界文教基金會謝

翠玉副主任、圓神出版社簡志忠董事長和莊淑涵主編、自由落體設計公司陳俊良總經理和葉耀宏副總經理、撰寫序文的吳靜吉教授和廖嘉展董事長，以及所有協助本書出版的資料與圖片提供者，在此一併致謝。因資料數量龐大，錯誤難免，尤其在著作權方面若有不妥，請立即告知，當公開道歉並處理。最後，我也要謝謝共襄盛舉、慷慨解囊贊助的企業與個人，包括蘇天財董事長、童子賢董事長、周理悧董事、劉如容董事、楊麗芬董事、游鴻春董事、林仁博董事、李美蓉女士、東和鋼鐵公司、宏昇營造公司及財團法人台北市高惟岳關懷慈善基金會等。本書若有疏漏、不全或錯誤之處，敬請不吝指教。

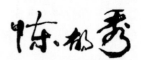

Chapter1

國家品牌

婆娑之洋、美麗之島，台灣經歷多種文化衝擊的洗禮，呈現相當豐富的自然地理與人文歷史特色，孕育出多元的文化面貌，像極了鑽石的切割面。然而，這顆深藏於曠野的鑽石，需要經過整理、切割、磨光，才能熠熠發光。我們將從高雄世運、無垢舞蹈劇場、國際蘭展……等各種成功例子，來看看如何翻轉舊有思維，注入創意活力，實現「品牌台灣」的夢想。

國家品牌

品牌法國

法國如何成為時尚產業的先鋒？

如果我告訴你，我們日常生活中習以為常的點滴：精緻的咖啡、精美的甜點、米其林三星美食、流行服飾、品牌髮飾、時尚廣告、流行雜誌、落地鏡、香水、香檳、松露、鵝肝醬、炫麗奪目的鑽石、夜生活、旅行觀光、法式喜歌劇等是由一位俊美的法國國王—太陽王路易十四（Louis XIV）（1638-1715），憑藉著個人的審美觀、世界觀所造就出來的優雅生活典範，你一定訝異不已，為之驚豔！沒有錯，就是這位富有遠見、創意豐富的國王和他的財政大臣柯爾伯（Jean-Baptiste Colbert），以及幾位傑出藝術家、工藝家、名匠的合作下共同開啟時尚產業的濫觴。這項產業不僅震撼當時的歐美各國，也綿延三百多年，影響今日的我們。這個傳奇更促使法國蛻變為現代國家，建立自己的品牌和美譽。

樹立時尚標竿的法王路易十四

這位時尚產業的鼻祖太陽王路易十四，年僅四歲八個月即登

太陽王路易十四畫像（亞森特・里戈，1701 年）。

基為王，可謂真正的兒皇帝，由他的母親奧地利安娜王后與紅衣主教馬薩林（Cardinal Jules Mazarin）兩人共同輔佐來治理國家。1661年首相過世，路易十四詔告天下不再設立新首相而由他本人親政，親政時間長達五十四年，加上先前首相佐政十八年，總共在位七十二年。

路易十四自許是太陽神阿波羅的化身，採太陽為其徽章，並自封為「太陽王」（le Roi Soleil），希望法國王朝像太陽一樣光芒四射。因此他一親政，就將法國定位為「奢華與魅力之國」，為法國文化賦予獨特定義；當年他所立下對時尚、美食、室內設計、建築空間的標竿，迄今仍左右著流行的風潮。十六世紀時法國人還稱不上是歐洲最優雅、最精緻的民族，然而到了十八世紀初，已獲得世界時尚與奢華生活的專利權，被稱為「優雅、時髦的法國人」，而且這樣的地位至現在依然屹立不搖。太陽王建立「絕對君王」的制度，他創立一個有效率的中央集權政府，要求全體臣民屈服於他的權威。在他強烈的企圖心下，法國發動戰爭征服西班牙，積極拓展疆土，成為歐洲新盟主；而在此輝煌成果的背後，卻也使國家經濟日趨困頓，國力在路易十五、十六兩法王統治時逐漸衰微，終引發「法國大革命」。

太陽王對科技發展十分支持，他創立國家科學研究院（1666）；此研究院的設立，成為他後來與清朝康熙大帝建立關係的最大媒介。科學院聘請天文、地理、數學、幾何、精密武器開發等領域之專家專職研發，有趣的是，院中也網羅不少藝術家、工藝家，因太陽王認為科技儀器之創作也需美感及精緻工藝配合才有質感，此類思考是他獨一無二的素養，由此更可以了解太陽王與眾不同的智慧。

太陽王對藝術的新概念需要有一座宏偉的宮殿來展現他的創

凡爾賽宮。

意，並聚集文武百官以宣示他的政策；這座城堡即是凡爾賽宮，它是「絕對君王」的最高表現，也是當代藝術最動人的成就。這座建築在政治上被視為是維持君王與王國的有效工具與象徵，對法國藝術遺產也作出永恆的貢獻。路易十四的美感源自對義大利藝術的偏好，在位期間成立了法蘭西學院、繪畫與雕刻學院、舞蹈學院；他喜愛音樂、造型藝術，尤其在文學領域中模仿上古作家的風格：清晰的布局與高雅的文字，形塑了優雅的法語。他也拔擢古典戲劇劇作家莫里哀（Moliere）與拉辛（Racine）等文學家，以殊榮提升作家的社會地位，且獎勵詩人，促成法國古典文學全盛期，並指派義大利人魯利（Lully）為音樂總監，發展作曲與演奏。最特殊的是他建立喜歌劇院（La Comédie -Française），並以

國王之尊創立與發展法國特有的喜歌劇；他提倡宮廷舞，喜愛跳舞及自己演戲，並經常在四面都是鏡子的鏡廳中舉行化妝舞會、主題舞會。鏡廳中反射燦爛之燈光及貴族身上閃閃發亮的鑽石，使凡爾賽宮成爲名副其實的太陽宮殿；日後每當太陽王想要展現國威與優越的新法國風情時，就以鏡廳爲最佳選擇，因此爲自己打造一個金碧輝煌的太陽王國。

金粉法蘭西｜美鞋、美鑽、美食、香檳

美鞋：太陽王的高跟鞋美學

文學家伏爾泰（Voltaire）曾說：「在太陽王之時代，每樣事物幾乎不是將傳統重新發明，就是進行無中生有的創新。」而這整個故事就由一雙十分騷包的美鞋開始……。

太陽王對自己一雙美腿十分引以爲榮，幾乎從不錯過任何一個可以展現其美腿的機會。他鼓吹男性將腿視爲裝扮重點，使得過去「長靴」的地位被有根的「靴鞋」取代，蔚爲十七世紀末的時尚。太陽王六十三歲的正式畫像除了展示君主專制的華麗品味外，他的鞋子更是主要特色；這雙裝飾著鑽石釦環和超大型紅色蝴蝶結、深紅色高鞋跟的精品，除了顯示法王耀眼的審美觀外，最特別的是賦予這類「鞋跟」清楚而明確的意義。這樣的鞋跟象徵「高貴」及「社會地位」，而全國鞋跟最高的當然就是太陽王，至於出身低微的人則被稱爲「平足族」。

美鑽：開啓高級珠寶業之路

鑽石，路易十四的最愛，他革新珠寶的設計和賞玩方式。十七世紀以前，很少人注意到鑽石，其重要性遠遠落後於紅

寶石、藍寶石等，而自文藝復興時期以來眾所推崇的珍珠也被認為不符合太陽王國的形象，所以路易十四選擇光芒四射的鑽石，並將其提升到「頂級珠寶」的地位。在法王選擇以最簡單方式鑲嵌巨大鑽石蔚為風潮後，開啟「高級珠寶業」（Joailleries）有別於通稱「珠寶業」（Bijouteries）之光輝歷史。今天的卡地亞（Cartier）、梵克雅寶（Van Cleef & Arpels）、伯瓊（Boucheron）等，在巴黎超級時髦的凡登廣場（Place Vendôme）展現珠寶，其中以鑽石的魅力吸引時尚追求者的目光為最。

美食：結合商業與藝術的世界級指標

法國美食是結合商業與藝術的產物，自太陽王時代設下定義發展到今天所成就的「米其林—高特米優標準」（Michelin - Gault millau），影響全世界並成為美食指標。難道沒有其他的指標嗎？事實上要挑戰米其林確有其困難，因它有三百多年歷史經驗的累積；即使是法國星級的廚師們也常自喻處於刀鋒邊緣，在光環背後充滿壓力，可見米其林的權威性有多紮實。這一切源自於 1651 年太陽王時代一本以拉瓦藍（La Varenne）之名出版的美食專書《法國廚師》（*Le Cuisinier Français*）掀起飲食革命，創造美食學；以此食譜為出發點，展開由食材、香料、醬汁、油品、切工、火候……等各種技術的全面研究、開發，並延伸到食器的改造、餐廳的設置（太陽王時代以前並無「餐廳」這個名詞）、空間設計、氛圍營造、餐桌禮儀的制定等，更借助科技與美學方面的加值，讓「食物」與「精緻的食物」如同「珠寶」和「頂級珠寶」般壁壘分明。隨後接續出版的《法國糕點師傅》（*Le Pâtissier Français*）更顛覆以往觀點，創出飯後吃甜點的習慣，完成整套法國美食的文化地圖，改變法國的生活方式。一連串的出版，打開大眾市場，使精緻美食深入民間並成為產業化的

濫觴。

經過三世紀的累積，法國美食傳統（包括餐桌禮儀和空間設計）於 2010 年 11 月被聯合國教科文組織指定列入「世界人類非物質文化遺產」的名錄中。評審團認為：「『法國美食傳統』在法國已成為一種社會日常習俗，是一種鞏固集體認同，促進世界文化多樣性發展的習俗。」隨著申遺成功的事實，法國政府承諾將拓展更多具體措施，積極由教育切入，讓美食傳統之藝術代代相傳。

香檳：法國燦爛形象的代表

每年的跨年、生活中的慶功宴、婚禮等親友群聚歡樂的時刻，為何不用我們自己的高粱、紹興，而以香檳來舉杯慶祝呢？我們是否生活在太陽王所設定的氛圍中呢？是的，原來我們很法國而不自知！香檳這種冒著氣泡的精緻美酒是由一

1 | 2 / 3 　1.美食。 2.美鑽。 3.香檳。

凡爾賽宮鏡廳。

位修道院的酒窖負責人培里儂神父（Dom Pierre Pérignon）發明，他一心想創造葡萄酒奇蹟，遂以個人的創意製出香檳；而路易十四認為這冰冷的酒冒出泡泡，給予人們一種快樂亢奮的情緒，他甚至指出紅酒香檳不符合太陽國之形象，禁止開發，只准許以白酒及粉紅酒來製作。如此金金的、粉粉的氣泡代表法國人民的燦爛形象，開創出「金粉法蘭西」的品牌！

當代藝術成就的極致｜凡爾賽宮

凡爾賽宮是太陽王落實前衛思想、新觀念、新創意以及威權的殿堂，這座藝術城堡統合建築、繪畫、雕刻、室內布置、傢俱、法式花園、噴水池，其設計、技藝等建造特色，名垂不朽。花園以阿波羅太陽神噴泉及一條長一‧六公里的十字形人工大運河為中心，擁有一千四百個噴泉；這些耀目的噴泉白天在陽光下、夜晚在燈光照射下，金光閃閃，象徵太陽王的意象。他曾在運河上安排表演，例如帆船進行海戰表演，或在假面舞會中安排貢多拉和船夫模仿威尼斯風光。在後花園也特別建造大特里亞農宮（Grand Trianon），當太陽王厭倦豪華生活，可以在此享受田野風光及休閒的農村生活。整座宮殿最極致奢華的莫過於馳名於世界的「鏡廳」。他的作為雖為人民所埋怨，但這座建築在政治上確被視為是維持君王、王國尊嚴與崇高地位的有效工具。

路易十四十分務實，這一切就由玻璃產業切入。玻璃鏡子雛型首見於十四世紀法國東部某個小城。十五世紀末威尼斯人發明製造反射影像不變形的鏡子，現代鏡子就此誕生了。到了十六世紀初，威尼斯製鏡工人掌握鏡子產量穩坐這項高級產業的龍頭。1660 年左右，當法王路易十四發現掛上鏡子的室內有擴大空間、增加照明的潛力時，就決定將這項高級

「鏡子產業」奪回法國人手中,而當時最大的鏡面只有約二吋多高而已。

路易十四隨即以高薪聘請威尼斯製鏡大師來法國傳授技藝,這項措施幾乎引起兩國對立;在展開一連串戲劇性的間諜戰後,法國取得技術,但不以此為自滿,仍鞭策工匠們精益求精,由傳統的「吹玻璃」開發到「琉璃灌注法」(即現今使用法),將原有技術發展到極致,且開發出加底加高且大於威尼斯四倍的高大鏡子,催生「落地鏡」,改變室內設計的視野,成就凡爾賽宮的鏡廳,展現閃耀法國的新面貌,奠定時尚寶座的地位。

路易十四以許多方式確立法國在室內設計的卓越地位,例如在凡爾賽宮引入東方風,在宮內有幾個「比東方更東方」的廳室,擺設中國瓷器、餐具,將日本塗漆變成精緻藝術,漆品上有東方彩繪與雕刻圖案。這些精品的背後是路易十四掌控時尚產業的野心,有如鏡子產業一般,當法國手工藝匠學習到中國瓷器、日本塗漆的技術,經巧思創意提升為精品後,在確認法國工藝師研發產品產量足以供應市場需求時,馬上下令禁止外國瓷器、漆器進口,先壟斷國內市場,再透過行銷手法拓展國外市場。室內擺設的傢俱則欽點布勒(André-Charles Boulle)在宮中工作,他發明一種傢俱裝飾風格,以黃銅與龜殼兩種材質混雕的鑲嵌裝飾;隨後又發明「鍍金木質」的手法。一而再的突破,讓路易十四以其凡爾賽宮御用傢俱師傅們的藝術創意打造法式傢俱及法式空間設計的特色,流傳至今。

在鏡廳舉行的主題舞會,主題的設計與安排常為太陽王宣示政策提供特別的時機與平台,例如 1700 年第一次舞會以「中國國王」為主題,鏡廳中呈現的是中國風,他以此舞會宣布

他與清朝康熙大帝的交流政策；之後舞會以「威尼斯」為主題，意在宣示他的「鏡子產業」政策，而出席舞會的皇親貴族，其髮型、服裝、鑽石、鞋子、配件，在在都要符合舞會主題，這就是用政策來創造新的趨勢。

這位鉅細靡遺、由微觀到宏觀都能主控的傳奇皇帝，確實以其個人審美觀創造引領時尚的基地—凡爾賽宮；更以宮中生活方式，設立優雅、魅力四射又精緻的宴會風格，建立完整完全的奢華生活之標竿，而此標竿至今依然盛行不墜。令人稱讚的是，城堡的庭園隨時對外開放，絕非只有朝臣與官方訪客才能參觀，三百年前這可是創舉。宮廷入口處設有紀念品商店，可購買景點小版畫、小手飾、紀念品，一切與今日的情景相同……太陽王開創了觀光旅遊的先機。路易十四曾說：「一雙鞋子不只是一雙鞋子，一顆鑽石不只是一顆鑽石，鏡廳不只是鏡廳……凡爾賽宮內所有的人、事、物都登上活生生的人生戲劇舞台，表演藝術就是法國的行銷手法……。」直到如今，沒有人可以超越他的想法。

太陽王國的風範｜花都巴黎

路易十四即位時，沒有一個城市在天黑後仍燈火通明，街道上不可能有任何形式的娛樂。但在他完成凡爾賽宮建築及生活型態塑造後，就把凡爾賽宮二十四小時主宰時髦、新潮的方式複製在巴黎人民日常生活之中，讓巴黎成為時尚新首都，傲視天下。這就是我們稱他為「文創產鼻祖」的原因，在他統治下每一項可應用的創新都試著融入日常生活中並成為產業。

一切就由點亮巴黎街道三千盞燈籠開始，路易十四非常清楚這項措施可以讓他的城市輝煌閃耀，當燈火點亮全城的那一

花神咖啡館（Café de Flore）

刻開始，巴黎即獲「光之城」「不夜城」的美譽。入夜後，
城市依然運轉不息，帶來無限商機，同時建造最著名的林蔭
大道香榭麗舍（Champs-Élysées），打造羅浮宮新門面，留
下不朽作品，至今仍是世人非訪不可的景點。在街燈照耀
下，觀光業誕生，巴黎成為世界必遊之地，也成為最大購物
城市。

說到飲品咖啡的傳奇，去過巴黎的人都有在花都漫步，享受
陣陣咖啡香在空氣中飄散的經驗；法國雖不盛產咖啡，但它
是眾所周知的咖啡王國。1660 年代以前，只有商人和大地主
喝咖啡，咖啡是法國人由中東遊歷或經商帶回巴黎的飲品。
1670 年代東方風、異國風吹進巴黎，這個城市對咖啡無盡
的愛就此開始……。

路易十四時代，聖傑曼市集（Saint-Germain
des Prés）是人民追求時尚的摩登市集，就在
市集中，土耳其使者請美麗女奴扮演服務生，
久而久之，市集大馬路兩旁漸漸咖啡店林立，
成就今日大家耳熟能詳的「左岸咖啡」；其
中「雙叟」（Les Deux Magots）及「花神」
（Café de Flore）這兩家咖啡館更因著名文學
家與藝術家，例如畢卡索（Picasso）、沙特
（Sartre）、海明威（Hemingway）等人的經
常聚會於此而成為文化人朝聖之地。

優雅的咖啡屋是創造一個看人與被看的新空
間，許多人在此會友、談天、約會等，周邊
產品應運而生，例如日報、時尚刊物《風流
信使》等。1672 年由杜諾德·維澤（Jean
Donneau de Visé）創辦的《風流信使》（Le

雙叟咖啡館（Les Deux Magots）內之「雙叟」雕像。

Mercure galant）建立現代人熟悉的報紙雛形，內容除了時事，也包括文學、藝術、裝飾及時尚趨勢，其影響力有如現今的《紐約時報》。杜氏在報上推出的「時尚」單元，和氣候一樣，也有季節性，並關注過去常被忽略的婦女讀者，例如：將時裝分季推出，而每一季都有特別形式、圖騰或顏色，更提升配件的重要性，創造時尚無限的商機。巴黎由外觀到生活方式，皆引領全世界風潮，博得「花都」美名，展現太陽王精心策畫的「太陽王國」風範。

法國時尚產業永續發展之典範

由路易十四創造品牌法國的故事中，我們清楚看到他的策略：先確立品牌意象，再蒐集過去的資料、創造新史，彙整論述出版，並藉出版品擴展觀念，讓品牌意象及新觀念普及化，逐漸實質地進入人民的生活；其中，核心內容及不斷精進的技術，讓千千萬萬個來自各行各業的新發明、新創作，累積成紮實之內容，這些內容的總和成就了品牌法國，而以表演藝術為行銷手法的絕招，無人能出其右。

對法國而言，路易十四的智慧深、理想高，又居高位，集無比能量，將所創造的各種時尚觀念與產品，除本身親自實踐、要求皇親貴族效仿外，也推廣到普羅大眾的生活之中，才能蔚為風氣與潮流，並經過時間的沉澱，轉化為恆久的文化，也成就了當今令人稱羨的藝術大國。他所領導的法國品牌路，微觀與遠見兼具，策略與執行力紮實，為世人留下「永續發展」的典範。「金粉法蘭西」就如同太陽般金光閃閃走在世界潮流的浪頭上，一波又一波，後浪推前浪，三百五十多年來像太陽般運轉不息。

雙叟咖啡館（Les Deux Magots）

玉山主峰雪景。

品牌台灣

基石｜原鄉台灣＋時尚台灣＝鑽石台灣

台灣獨特的自然與人文風貌相較於其他先進國家，可用「壓縮的空間」與「壓縮的時間」來形容。

「壓縮的空間」指的是台灣山林至海域之間，以及平地至高山之間劇烈的景觀與氣候變化，在面積狹小的空間中孕育複雜的生態環境，涵容多樣之生物物種。「壓縮的時間」意指台灣現代文明的躍進，在短短百餘年間達成；台灣從十九世紀末的農業社會轉型為二十世紀末的高科技生產國，是在極短的時間內極快速形成的；此外，台灣歷經多種文化衝擊的洗禮，在西方、東方以及南島文化的歷史邂逅交織中，發展成豐富、多元而特殊的台灣文化。而長期與大自然災害，如地震、颱風、土石流等的搏鬥，則塑造出台灣人民彈性與堅韌的性格，以及不屈不撓、勇往直前、屢挫屢起的生命力。

台灣多樣性的生態以及多元文化（包括生態、歷史、族群、表演藝術、視覺藝術、科技產業、生活時尚等），像極了鑽石的切割面，晶瑩剔透，熠熠發光，我稱它為「原鄉台灣」；而台灣現代所擁有的藝術文化、科技發明與現代的經營、管理、行銷之能量等，我稱之為「時尚台灣」。鑽石，在深山曠野中只是一顆礦石，有時我們從旁走過還不知道它是寶石，可能踢它一腳都還不自知；但如果它被選擇，經過整理、切割、磨光，就是一顆價值連城的高級珠寶。這顆珍貴的「原鄉台灣」，要由誰來磨光呢？當然是你，是我，所有的台灣人民。如何磨光它呢？運用「時尚台灣」的能量、生命力來磨光它。所以「鑽石台灣」（原鄉台灣＋時尚台灣）（註1）的所有內容即是創造「品牌台灣」的基石。

註1　以加法表示累積之意。

<table>
<tr><td>1</td></tr>
<tr><td>2</td><td>3</td></tr>
</table>

1. 北海岸野柳風化岩。
2. 黑背蝴蝶魚。
3. 烏毛蕨。

1 | 3
2 |

1. 帝雉。
2. 青斑蝶。
3. 香蘭。

1. 布農族射耳祭。
2. 卑南族少年猴祭。
3. 排灣族在祭典上共飲連杯酒。

1 | 2

1. 揹著山豬的魯凱族獵人。
2. 魯凱族祭儀從小米收穫前就開始了。

迎媽祖回駕的盛況。

1	3
2

1. 東港平安祭典於最後一天清晨火化王船送王遊天河。
2. 西港仔香繞境中的蜈蚣陣尊稱為百足真人，具驅除邪毒的宗教功能。
3. 二結王公過火前，乩童進行驅除五方邪煞的儀式。

1. 雲門舞集用舞蹈重新演繹了兩千年前屈原的《九歌》。
2. 《入夜山嵐》是長年在木柵老泉山上生活、訓練的「優人」獻給這座山的作品，是一闋音樂與自然交織的詩篇。
3. 新古典舞團經典作品《沉默的杵音》。

1 | 3

2

1. 陳慧坤畫作《玉山第一峰》。
2. 陳慧坤畫作《淡水風景》。
3. 原住民工藝作品。

2009 高雄世運《鰈魚之舞》。

翻轉台灣品牌的影響力

有關鑽石台灣的詳細內容，可參閱《文創大觀1：台灣文創的第一堂課》乙書第六章。這章節陳述台灣所擁有的DNA正是歷史與現代流傳給我們的寶藏，在此基礎上，我們要以「品牌台灣」（原鄉台灣×時尚台灣）（註2）為最高理想，以行動來達到一日千里之速，在這變化萬千的二十一世紀，創造出真正屬於現代台灣的品牌。以下實例，均是精密策畫的成果，在此與大家分享過程與經驗。

高雄世運：鰈魚之舞

2007年初秋，高雄市長陳菊女士邀我擔任「2009年高雄世運」開閉幕式的藝術總監，負責節目的籌畫製作。接下任務後，首先清晰地定調開幕以「台灣」、閉幕以「高雄」為主題，內容分別是「台灣—原住民、漢族、現代」和「高雄—現在、過去、未來」；接著，邀請專家學者蒐集與主題相關的文史資料，進行研究分析與選擇；而在主題和文本內容決定之後，即進入創作階段。

兩場節目均以「音樂」為基本架構，邀請錢南章、鍾耀光、櫻井弘二三位作曲家創作新曲，為開幕帶來精彩、緊湊、氣勢磅礡的《台灣組曲》；閉幕部分則由史擷詠老師以流行音樂的創作手法，創作四十五分鐘年輕、活力四射的《高雄組曲》，把高雄人的熱情、生猛、進取之精神詮釋得淋漓盡致。就在主題、文本、音樂的基礎上，邀請二十多位表演團體的負責人，以及大專院校藝術、文創、造型設計系的系主任為表演節目分工合作、討論思考。在多次會議後，各自認養內容及音樂，分別進行編劇、編舞……等。在多次來來回回，冗長又頻繁的互動中，節目輪廓漸漸浮出，雛型誕生。這是

註2　乘號代表擴散效應，以「鑽石台灣」為基石所開創的各式各樣「台灣品牌」，將進一步擴散形塑「品牌台灣」的意象。

一場史無前例的「集體創作」工作模式，而參與的每一個人，在過程中雖感辛苦，但在成功演出之後，個個都熱淚盈眶，「集體創作」所帶來的喜悅，是人生中難能可貴的經驗。

其中值得一提的是在「現代高雄」段落中，為彰顯高雄海洋城市意象而創出的「蝶魚之舞」。這個作品是由製作單位提供數十張蝶魚美麗身影的攝影作品及其遨遊水中自由自在的影片，而編舞老師從中得到靈感所創作出美妙翩翩的「蝶魚之舞」，舞者身上穿著的舞衣是仿效豔麗的蝶魚造型及色彩，充分地傳遞台灣是「蝶魚王國」的訊息。我們也以同樣方式完成「木棉花之舞」「牽牛花之舞」的創作，當晚的表演，透過四十七國現場轉播，讓世人在很短時間內看到「現代台灣」。

「無垢舞蹈劇場」：天、地、人三部曲

無垢舞蹈劇場是由編舞家林麗珍老師領導、創立的舞團，取名「無垢」，象徵完美無瑕、晶瑩剔透之意，有別於其他表演團體，特別強調內在精神的力量。其訓練舞者身體的六字訣「靜、定、鬆、沉、緩、勁」包含修身與養心的道理，在練舞之初，學習技術之前，就要「靜心」與「專注」。靜心與專注能讓舞者認識並準備好自己的身體，接著進入心靈深處，最後找到「自我」，如此才能邁向「動如不動、不動如動」的境界。就在動靜之間，身、心、靈結為一體，能達到收放自如之效，舉手投足間可產生巨大的物理與化學雙重能量，一切心靈交會、集體感動於焉而生。

林麗珍的創作完全源自於對台灣常民文化的觀察與對大自然神靈的情感，她擁有大膽嘗試的實驗精神，認為創作是透過心、耳、口、鼻、眼的敏感度，將所見、所聞、所學及體驗

轉化爲舞碼作品。創作過程中，敏感度扮演非常重要的角色，就在很細微的感覺差別中，創出無限大的感動並轉化爲肢體的能量傳遞給觀眾，最後讓表演現場周邊所有的空間，浸淫在美的氛圍中，這個氛圍就是林麗珍要讓大家享受的藝術世界。

林麗珍以「十年磨一劍」的功夫，在十五年中孕育三部作品，在這漫長的光陰中爲的是「等待」；等待機緣、等待舞者身體成熟、等待生活中遇見的靈光與蛛絲馬跡、等待腦中圖像的自然完成，而在等待過程中，也讓觀眾看到「無垢」的成長。首部曲《醮》是以台灣廟會中作醮的科儀爲創作核心內容，第二部曲《花神季》以台灣自然與人文的生命時序爲主題，而《觀》則表達了人類對自我、慾望和土地的集體記憶，在大地靈魂的神話裡，延續林麗珍始終關懷的主題（對天地神靈的崇敬、對土地與自然的深情、與對生命輪迴的感動）之終章創作。這三部曲是林老師禮敬神鬼，「天、地、人」系列之宏大鉅作，也詮釋了台灣子民看待生命的態度，深刻地表達了「原鄉時尚」的台灣，是「台灣品牌」的最佳代表。

國際蘭展：結金蘭

「結・金・蘭」這三字有其特殊的意義：「結」字，是個動詞，是項行動，意指結合；「金」字是主題色「台灣金」，意指金色的、最頂級的、眞金的抽象象徵；而「蘭」則因台灣是蘭花王國，所以代表台灣的實質 DNA。整體來說，標明「2014 台灣國際蘭展」是圍繞著「金」與「蘭」兩個抽象與具象的核心主題，所有的策展行動與內容皆以此爲依歸。

策展的內容分爲蘭花工藝藝術創作、時尚台蘭與蘭花國宴三項子計畫。首先由最能傳遞訊息的「空間」著手。一個展場

1
—
2

1. 無垢舞蹈劇場《觀》。
2. 無垢舞蹈劇場《花神祭》。

無垢舞蹈劇場《醮》。

的空間，不論是古老的、現代的，抑或前衛的，都會直接說話，我們定位這個空間是個「黃金廳」的氛圍，一切以「台灣金」色調為主，由藝術、文化的角度切入，定調它的視覺效果。從國宴餐桌的設計、工藝藝術品的創作展示、時尚服飾乃至於精美吊燈的製作等，都必須恰如其分，以金相、玉質共鳴調性，呈現高貴又內斂的組合，讓所有參觀的人置身其中，驚豔之餘，能深深體會「結‧金‧蘭」的淡定和悠揚。

蘭花工藝藝術創作方面，值得一提的是展出國寶木雕大師李松林的遺作「蘭花屏風」。屏風上栩栩如生的白蘭花，生氣盎然的盛開著，這些阿媽蘭是以牛角為素材，而花莖、花葉則以牛蹄為素材，一刀一刀雕刻出來的。它是李松林大師七、八十年前的作品，它走過風霜，走過歲月，經過時間的沉澱，樸實之情幽然散發。精細的雕工，在流轉的時空中成熟並成就偉大的作品，真是令人歎為觀止！而屏風上書寫之詩句：「蓬島春風暖 翩翩夢亦香」歌頌著寶島春天的清新與溫煦。

時尚台蘭則邀請五位知名品牌服裝設計師，仍以蘭花與台灣金為主題，設計製作蘭花服飾。潘黛麗以金色質地柔順高雅的布料，設計出兩套典雅、實用的晚禮服及小禮服；潘怡良以針織布料，設計一對赴宴男女正式的晚宴裝；陳俊良則以簡潔的裁剪，幾何型的現代線條，凸顯極簡式金色服裝的魅力；古又文則以前衛的手法，設計一款俐落又當代的金色小洋裝，外罩透明材質的特殊布料，彷如來自外太空的俏妞；而黃嘉祥則是以「蘭花」圖騰繪製的布料設計現代洋裝，深具休閒風。此次的服裝秀，打破過去現場走秀、曇花一現的形式，以靜態展示推出，讓絡繹不絕前來的客人們，有一窺精品全貌的機會。

蘭花宴計畫分美食及美器兩個項目。美器方面，邀請「台華窯」參與製作行列，並由陳俊良設計一套共四百八十件的「蘭蕙瓷」。食器原型是以「天圓地方」的概念，搭配「金色蘭花」主軸燒製而成。「天圓地方」是古錢外圓內方的基本造型，能表現出東方文化之風格；圓形象徵天地遼闊之大氣勢，並深具圓滿之意；底部的正方形是代表宇宙旋轉不息的天律；而繪製於各式餐具上的蘭花圖騰，優雅的敘述著蘭花的故事，創出一組富有台灣味、高品質、優雅、實用的餐具組。美食部分則是重拾傳統「辦桌文化」的精神，邀請著

2014 台灣國際蘭展「結金蘭」牛車輪木雕藝術（李秉圭作品）。

名的國寶級總鋪師汪義勇先生掌廚，為活動設計一場國宴規格、色香味俱全的蘭花盛宴，阿勇師的創新料理，光看菜單就令人嚮往。

當天晚宴在賴清德市長主持下，置身蘭花環繞、清香迎面撲鼻的氛圍中，圓滿宣示「結・金・蘭」深刻的台灣精神，將

2014 台灣國際蘭展「結金蘭」國宴餐具。

最美好的創意透過美食、美器、美衣、美景,落實到生活中
的重大意義;而「蘭蕙瓷」在展覽結束後已成為熱門的文創
產品,是大家爭相購買、具有台灣特色的「伴手禮」。這是
透過空間與產品來凸顯台灣精神的案例,而蘭花產業相關文
創產品在展覽後也進入商業市場穩定的運作,產值令人刮目
相看。在此我們看見以展覽場為舞台的觀念,透過一場精心
設計的表演、視覺、工藝等藝術的呈現,成功地行銷「台灣
蘭花國家」的品牌。

創意百花齊放,注入新能量

自 2002 年在我擔任文建會主委任內提出「文化創意產業政

策」以來，各種創意果實紛紛加入「原鄉台灣 × 時尚台灣
= 品牌台灣」的行列，例如以歷史 DNA（元素）所創建的臺
灣歷史博物館、奠基於土地與生活的南投埔里桃米社區、推
動視覺藝術創作與色彩融合的「粉樂町」、結合現代藝術、
工藝創作與現代銅鐵技術的谷橋、東和鋼鐵與轉化竹編為鋼
編之邱錦緞老師、新漆藝與台灣野花結合的咸豐草、皮雕刺
繡與台南在地文化結合的「繡花鞋」、台灣玉與現代雕刻技
術創出的「玉質台灣」、各族原住民特有圖騰、文化基因所
交織而成的「原音、原色、原來台灣」，都非常精彩！

其過程則有無數民間表演、視覺、生活與藝術創作者積極的
參與，包括音樂家、編舞家、畫家、劇作家、建築師、室內

設計師、時尚服裝設計、美食家、工藝家，甚至社區工作者、都市規畫師……等，紛紛以「原鄉台灣」為發想的核心基礎，運用「時尚科技」的專業技術、創新發明塑造翻轉的扭轉能量，大家都想讓台灣不一樣……。例如大家所熟知的「雲門舞集」，如果以現代舞技巧單演西方作品，豈能有今天的成就嗎？是他們的《渡海》《家族合唱》《九歌》《行草系列》《稻禾》，先感動台灣人民，然後感動全世界。又如行腳全台灣的「優人神鼓」，上山下海傾聽台灣的聲音，體驗台灣的風雨、陽光、大自然，而創出《聽海之心》《入夜山嵐》《空林山風》等作品，不僅在台灣，更巡演全球、享譽世界，只因它的作中充滿「台灣島嶼的靈魂」。畫家江賢二、廖修平、吳炫三、洪易的創作，在在傳達現代台灣原鄉與時尚的訊息。唐美雲的現代歌仔戲中更貼切地流露著台灣那份血溶於水的憨厚人生態度；一齣《凍水牡丹》媲美《羅密歐與茱麗葉》，娓娓唱出苦且廖瓊枝悲苦的一生。《寒夜》《風中緋櫻》《賽德克巴萊》《台灣百合》《海角七號》等電視電影歷史時代大戲，耙梳著歷史長廊的記憶。我們也正學習太陽王路易十四所為，透過千千萬萬的發想與實踐，由各領域切入，細緻操作，以「原鄉台灣 × 時尚台灣」的方式，創造新的生命能量，讓創意遍地開花並百花齊放，一步一腳印來累積「台灣品牌」的精彩內容。

翻轉品牌，做就對了！

多年來「台灣品牌」走過的路，路途顛簸，走得辛苦。本文所舉實例均是經過願景設定、主題選擇、資料蒐集、研究分析、確立論述、觀念傳播為基礎，創作成品，建立標竿旗艦並逐步形成產業鏈，成就嶄新的空間、服務、產品，進而創造現代生活。

台灣，走在歷史的十字路口，我們擁有原鄉台灣和時尚台灣獨特的優勢、能量和基因，但我們缺乏整合的翻轉能量。整合翻轉的條件包括政府精進的政策、旗艦的建立、預算的落實、公權力的紮根，以及民間企業與人民的合作等。台灣是一個藏富於民的國家，我一直認為「做！就對了！」做對，一日千里；做錯，速改再起。多年來跌跌撞撞，我們也塑造了「品牌台灣」的雛型，希望未來政府執政有方，人民各司其職，上下團結合作，「品牌台灣」的夢想是可以實現的。

玉質台灣之飾寶組合。

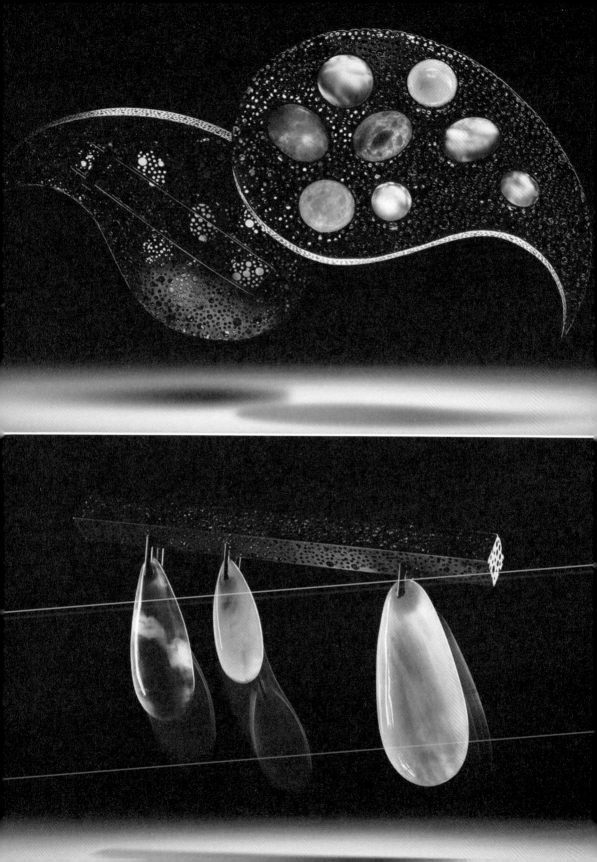

濠上樂瓷瓶（陳慧坤畫作）。

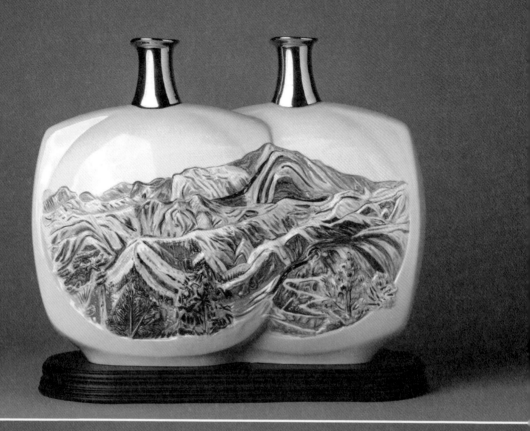

登峰造極雙連瓶（陳慧坤書作）。

雲門舞集《九歌》以屈原的作品作為想像力的跳板。

1. 綠光劇團《人間條件》系列作品至今以上演超過 200 個場次,每每掀起一波波人間狂潮。

2. 優人神鼓《入夜山嵐》沒有厚重的生命課題,而是純粹、自在、渾然天成的真切之作。

1. 無垢舞蹈劇場《花神祭》與四季萬物共舞。

2. 無垢舞蹈劇場《花神祭》是一個「儀式性」非常強烈的作品。

無垢舞蹈劇場《花神祭》呈現自然的變化與花的流逝，反映時間游移的悲喜。

1. 雲門舞集《水月》靈感來自佛偈鏡花水月皆成空。
2. 雲門舞集《水月》是林懷民靈靜之旅系列作品之一，包圍在水與鏡中找出生命週而復始，皆盡成空的美感。

雲門舞集《薪傳》紀念先民在台灣建立基業的一段歷史。

1. 當代傳奇改編自莎翁名劇的《李爾在此》。
2. 當代傳奇改編自希臘悲劇的《樓蘭女》。

1. 優人神鼓《禪武不二》結合少林武術。
2. 優人神鼓《聽海之心》是一個關於水的作品。

歌仔戲名伶—廖瓊枝，唱腔悠美，演技精湛，尤其擅長「哭調」，有「台灣第一苦旦」美譽。

《風中緋櫻》改編自鄧相揚同名小說的電視劇，以霧社事件倖存者的角度來回憶闡述事件的始末。

Chapter2

文化意象

國家有國家的品牌，就如同每個人都有個人的
人格特質，而顏色是強烈的品牌識別意象，透
過色彩，可展現土地的人文之美、自然之色、
信仰之禮與國家品牌。2012 年倫敦奧運開幕之
際，選手依序入場，中國選手著紅黃色相間之
運動服；日本選手穿紅白色；法國是紅、藍、白；
德國為紅、黃、黑；瑞典是天藍色和黃色相間；
荷蘭則以橘色代表橘子國家……等。那麼，台
灣的文化代表色可以有哪些呢？

文化意象

台灣豔光｜台灣紅

顏色所代表的文化魅力

TAIWAN FORM 219C
CMYK M100 Y10
RGB R228 B119

「美感」即是「美的感覺」，它是透過視、聽、嗅、味、觸等五感所體會出的優美經驗。我自己本身也許因為父親是畫家，母親是音樂老師的關係，自小耳濡目染，對於色彩和樂音特別敏感。記得從襁褓時期一直有件陪伴著我長大的桃紅色毛衣，可以說是我對色彩的啓蒙。聽母親提起，那是慶祝我彌月時，師大老校長劉眞先生送來的桃紅色毛線。我出生時期的台灣，正值二次世界大戰後的困頓歲月，生活用品十分拮据，這兩打的毛線球可是十分珍貴，母親的巧手就這麼一針一針的為我織成毛衣。隨著我的成長，母親一路拆拆打打添上新線，在那崇尚儉樸的時代，她還發揮創意，以原有的桃紅色毛線為襯，搭配白色和深藍色毛線，加大尺寸。而這件毛衣就陪著我一直到小學三年級的歲月。那樣別緻的衣服唯我獨有，穿在身上自然覺得驕傲得意，尤其它載著母親滿滿的愛心，而這份桃紅色的幸福，竟是形成我審美概念的伊始。

春仔花。

剖竹以為香柱，浸竹、開竹、展花曬竹，陽光曝曬二日，始染之。沾楓香樹木汁液，染出紅香腳，願燃香者皆福氣圓滿。

十六歲時我遠赴巴黎留學，投入音樂的世界。在學習的過程中，法國的作曲家奧立佛・梅湘（Olivier Messiaen）是我在國立巴黎音樂學院時「樂曲分析」的老師。他的第一堂課就告訴我們視覺藝術中的各種色彩和音樂中的音色之層次是相通的。他要我們想像每一個音符代表的色彩。有趣的是，受到文化背景、個人經驗的影響，同一個音符給予每一個人的感受大不相同。老師說這是很正常的現象，正因每個人的感受不同，創作才能千變萬化。這一席話，改變我的視野，打開我的心靈世界，五線譜上跳躍的音符有了色彩的點綴，憑添了無限想像。也許，貝多芬在自然界中散步，感受到田園之美後回家完成《田園》交響曲的記載，也是這種感受的

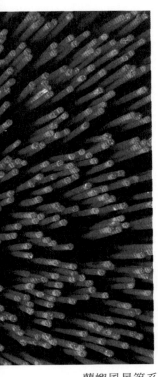

應證吧！日後我在彈奏德布西的《帆》《沉默的教堂》，我的眼前就浮出印象派中莫內（Monet）、馬內（Manet）的畫作。而每每彈奏法國作曲家佛瑞（Gabriel Faure）的作品，不論是夜曲、船歌、前奏曲、即興曲等，我的腦海中常浮現出桃花紅的色彩，而它獨具的和聲，更讓我有滿滿之溫馨幸福的感覺。

音樂無需畫筆即能創造繽紛，更遑論以色彩為工具的美術創作。看著父親的畫作中經常可見的朵朵桃紅，或作主角，或是烘托配色，都讓我驚喜不已。父親並不是將桃紅色入畫的特例，瀏覽台灣美術史，不難發現許多前輩畫家的創作中都有此豔色，如顏水龍的原住民畫像、蘭嶼風景等系列創作，或是素人畫家洪通筆下的台灣風土人情等，都印證著桃紅色的文化魅力。

台灣生命力的表徵

2000 年，我很榮幸被任命為文建會主委，2002 年 6 月提出「文化創意產業」政策，2003 年春天率團遠赴北歐、英、法考察。出發前即嘗試以桃紅色為此次出訪的概念色，呈顯台灣庶民生活及廟會盛事的熱情與熱鬧，描繪出的台灣形象，作為介紹台灣的指標。所以在所有行程中之資料、禮品，或服飾方面，刻意以圖像和色彩象徵台灣的喜氣和生命力，未料此舉獲得各國文化單位及國際友人的青睞，深受歡迎及鼓勵。丹麥的文化部長甚至問我「這是台灣的代表色彩嗎？」這一句話，肯定了我內心的想法，決定回國後研究「桃紅色」

西王母於瑤池設蟠桃宴請群仙，人間六十吉壽，蒸壽桃祝賀長命百歲。天上人間，一年一天，祝福無限。

成為「台灣紅」的策略。

以色彩展現台灣之美的創意不是首創，在國際上已有成功的案例，例如紅、藍、白之於法國，紅、黃、黑之於德國……，所以，以它來代表國家是需要文獻基礎及巧思。

尋找台灣紅：洋溢喜悅幸福的顏色

2003 年初，我們開始尋找「台灣紅」的因子，透過許多文化創意工作者、設計家、藝術家、作家、企業家、民俗及生態專家學者之眼、之手、之心，漸漸凝聚出台灣特有的豔光。我們找尋到在自然生態中，春天的杜鵑花、夏日的荷

迎親鳴囍炮，新娘上花轎；鞭炮長又長，新郎喜洋洋。紅鞭炮、響徹雲霄，牡丹花討喜，
富貴滿堂。

花、秋天的九重葛以及冬天的緋櫻，不正洋溢了滿滿的愉悅
與青春？在生活的細節中，更是處處都可感受到桃紅色在台
灣社會的魅力；例如紅蛋，一般將蛋煮熟後浸泡在俗稱紅花
米的稀釋水中，撈起來就成了紅蛋，蛋殼的桃紅色代表著喜
慶、吉祥，而蛋則取其圓滿、新生、繁衍和生生不息的榮象
意涵。如此潤紅的簡單幸福，鋪陳生命的厚度，正迎接一場
人生的盛宴。耆老皺胭的臉，開心笑起來時跟壽桃一樣，直
說長壽秘訣就是樂天知命吧！那一顆一顆桃紅色的壽桃正散
發生命的意義，而壽桌上長長的麵線，煮熟前也穿著桃紅色
的色裝。在這人生重要的壽宴上，「台灣紅」象徵「長命百
歲」的人生歷程。情侶在眾人祝福下訂婚，媒婆頭上插了朵
桃紅色的花，親友們也為他們準備了桃紅色的鴛鴦被，接著

在結婚典禮中，大夥一口又一口吃下的桃紅色湯圓，祝福新人白頭偕老，而自身也沾滿一身的喜氣。春節期間，神桌上的春花、梵香祈福的香袋、金紙、桌前的八仙彩、元宵提燈，以及阿嬤時代傳統常用的棉被套、衣服的紋飾、捏麵人的色彩、剪紙等。

這種洋溢喜悅幸福的色彩，伴隨著我們走過漫長的歲月，在食、衣、住、行中，在宗教信仰、民俗禮節之上，處處可見，因此以「台灣紅」代表人文最為恰當。沒想到的是這個概念在 2004 年春節一推出，受到所有人的認同，每個人都心領神會的豎起大拇指說聲「讚！」。這項由一群有心人士持著一顆敏感的心，以微觀的角度切入宏觀的視野執行，從日常生活的體驗、生命的感動，轉化成為代表台灣的色彩，「台灣紅」（色票 M100 Y10）就此問世。

融入台灣人民生活的顏色

紅龜殼印著福祿壽，許諾福氣綿長，長壽如龜，榮華富貴。

接著我看到名畫家林明弘的作品，在文建會提出台灣紅的同時，也以「台灣紅」為核心主題創作了無數的作品並在國外掀起熱潮，可見他在更早就體會「阿嬤的花布」所意涵的生命意義，巧合的是我們幾乎在同一時間發表了這項概念。這項巧合也說明了台灣人早將「台灣紅」融入每個人的生活生命中。當然在各個單位認同這個迷人的色彩概念後，目前處處可見「台灣紅」的蹤影。譬如一年一度由富邦藝術基金會所舉辦的「粉樂町」無牆美術館，穿越台北市東區的大街小巷以「台灣紅」為主題的公共藝術作品，挺立於民眾的生活空間，讓過路人

在不知不覺之中體驗這個豔麗色彩所散發出的能量；又如白鷺鷥基金會與台新銀行文化藝術基金會合辦的「台灣豐彩—信仰土地、永保甜蜜」活動中，開發紅龜粿抱枕，並透過在銀行裡所展示的溫馨居家空間，讓到銀行辦理金融業務的民眾，體驗紅色的豐富滿足感；此外為宣傳「2016年台北市世界設計之都」而前進澳洲雪梨參展，更以七彩紅龜粿，讓國際看到台灣文化的識別特色。它所散發的喜悅、甜蜜、樂天、長壽、知足、豐收、長紅、財運、瑞氣、寶貴、錦繡、繽紛、風華、歡喜、滿意和幸福，不僅洋溢在湯圓、紅蛋、壽麵上的紅紙、傳統的棉被套之中，更積極在經過符合現代趨勢的設計下，運用在食、衣、住、行，各方面的生活產品及各式宣傳廣告、視覺藝術創作、表演藝術創作及各類精神象徵中，甚至連世界品牌路易威登（Louis Vuitton）在中正紀念堂前的年度發表會、代表國家外出展演的藝術家及藝術團體、外交部對外的禮品中，都可以看到這個強而有力的「台灣紅」燦爛的發光發熱。

以文化和觀念深耕台灣品牌

從我推出「台灣紅」的理念至今已逾十餘年，始終如一，只要觀念清晰、腳步堅定、方向清楚、策略正確，自己深知且有信心，正走在通往「台灣品牌」的路上，深信文化是加法需要累積，觀念是乘法，可以一日千里，達到目的地。現在對我而言，只要行動、行動，再行動就能達到創造「台灣品牌」的目標。

料峭春寒，正是櫻花開滿時。花型嬌小，卻不減姿色。
粉嫩花色細緻動人，樹下花見，舞春櫻。

荷花荷花幾月開？出淤泥竟能不染？
香遠益清，淡雅卻冰清玉潔的通透，頓時滌清俗慮煩憂。

小雨初歇，杜鵑花綻放枝枒，吐薇的春意，喚醒沉睡的大地。
粉杜鵑、白杜鵑、紅杜鵑，映山紅顏色，花語吉祥愛如意！

1. 阿嬤的花布。

2. 優雅的蝴蝶蘭如彩蝶綻放，「幸福降臨」是花語幸福的色彩。花瓣如翼，吐露出繽紛的蘭花王國。

林明弘放大傳統花布圖案，繪製在展示空間中，鋪天蓋地的花樣姿態，令人驚豔。

沁染的紅顏，是嬰孩誕生的笑靨。紅通通，裹藏眾人滿心祝福與喜悅；傳遞圓滿、喜樂與幸福！

甜甜糖罐子，裝滿糖果好喜氣。富貴牡丹花色，裝進亨通財利。

過年封紅包，迎春納福，討吉利。婚慶包紅包，傳遞祝福，表心意。

白湯圓、紅湯圓，滿滿圓圓。
嫁娶、入厝、冬至、好日子，碗裡齊團圓。
吃甜甜、笑咪咪，心頭暖，人圓滿。

把色彩畫在臉上，陣頭文武將，紅白青綠各有主張。臉譜線條，筆筆有學問，朱雀龍虎玄武，大有文章！

1. 胸懷間的疑問都寄託在神明的指示上了，內心忐忑，籤紙裡玄妙的數字，將指引怎樣的方向？神佛欽定的聖籤，為迷途者導航。

2. 捧著雙月形的筊，擲筊，虔誠訴說疑惑與心願。一正一反，聖筊，應允所求聖籤。兩者皆正，笑筊，笑看所求，省心自問之。兩者皆反，無筊，非也非也，此籤非所求。

木頭刻的龜模，印壓出紅龜粿上吉慶的線條，將祝福印在上頭。圖的方的印模，寫滿福祿壽，有蝠有鹿有長壽。

月明如鏡，點燈增月色，助良辰美景。台灣紅彩燈籠，層層疊起，提照滿室溫馨。

1 ____ 1. 阿嬤的紅花布，寫滿牡丹富貴氣，妊紫嫣紅，是時尚舞台最流行的顏色。台灣花布燈，就是 IN 潮流。

2 ____ 2. 新郎牽新娘，花團錦簇美滿幸福。禮車鞭炮劈啪響，新郎心頭撲通撲通跳，車前花，迎新，恰似新娘頰上嬌羞紅暈。

2004 年春節期間，文建會推出台灣紅系列文創產品。

1
2

1. 糯米、在來米磨成漿，蒸籠蒸出發財糕；蘸紅水，點紅點，紅紅豔豔好預兆。呷發糕，步步高，功名利祿齊升高！
2. 2004年春節期間，文建會辦公室以台灣紅點綴喜氣洋洋過年氛圍，宣揚台灣紅的概念。

1 1. 台灣紅龜粿抱枕。

2 2. 頭上的春仔花，牽起姻緣線。百合花、石榴、龜、鹿，都是吉祥色。這頭的紅，如春報喜；那頭的嬌，似愛情鳥。一針一線，
將繡絕深情細細收在花蕊中。

天地不言，在碧海、藍天與岸潮間，白浪踏著青綠，閃耀台灣青的色彩。千言萬語，隨波濤起伏，徜徉天地間。

台灣尙青 ｜ 台灣青

台灣山水之美與屢挫屢起之海洋精神

半世紀前，台灣年輕學生出國留學是件人生大事，一出國門猶如昭君出塞，歸期渺茫，而我在年少十六歲遠赴巴黎學習音樂，在法國十一年間，僅回國一次。記得那趟返鄉之旅，當坐機由雲端徐徐降落之際，美麗的寶島，鑽石台灣赫然呈現於眼前；山巒疊翠綠油油的島嶼，四周是湛藍的汪洋大海，金色的陽光灑落於陸海交界處，一種神奇的、清澈的、鮮明的翠青色光芒，細細地描繪出島嶼動人的輪廓，台灣山水之美，蘊藏其中，生機盎然。刹那間，不禁潸然淚下，壓抑已久的思鄉之情，瞬間潰堤而出，就是這份感動，藏在我心中深處，刻畫了一輩子的記憶……。沒想到這種記憶，在多年後成爲我提出「台灣青」爲代表台灣山水之美與屢挫屢起之海洋冒險精神的原動力。概念色的提出，需要理論與實證，在「台灣紅」成功爲全民接受之後，依循同樣的研究過程，走上探尋「台灣青」之路，展開一趟田野調查之旅。

象徵台灣人民的奮鬥精神

「台灣青」的蹤影不僅圍繞著寶島的四周，其他離島，例如蘭嶼、澎湖、龜山島、綠島等各島的四周處處可見。台灣以「世界著名的地質、地形實驗島」著稱，正因爲垂直下切的岩石面與海水交織所呈現的「青」特別顯眼，加上各處豐富的地質景觀、生態生物，例如東部太魯閣的清水斷崖，特產台灣玉、藍玉髓、貓眼石、海底中的珊瑚礁、各式鰈魚、悠遊於深海中的台灣軟絲仔，還有黑潮與親潮在台灣海岸流過，帶來豐富的資源例如水母、綠蠵龜、海藻、鯨魚、海豚等，賜給我們一個「台灣青」的海陸生態自然環境。海洋中

TAIWAN CHIC 3275C
CMYK M100 Y50
RGB G158 B150

生機處處，而陸地上也不遑多讓，山野生靈，青春有力，綠意盎然。在植物方面我們是「蕨類王國」，不同的蕨類婀娜多姿妝點大地，也因地處寒帶、溫帶到副熱帶、熱帶各種氣候，所孕育的綠色植被，豐富地展現「台灣青」的內容。在動物方面，如蝴蝶、鳥類、蜻蜓等各種生物也十分精彩。這一切若以微觀或客觀的角度都可以尋出並看見「台灣青」的蹤影。有人會反問我，其他國家的島嶼也有類似「台灣青」的特色，那你如何來辯證呢？問的沒錯，各種色彩散布於世界各角落，但最重要的是我們居住在台灣的人民是否有所感，認同它，珍惜它是代表孕育台灣人民生命的土地和海洋，以及人民本身是否擁有如「台灣青」那種尚青、生猛、熱情、不畏艱困、屢挫屢起的海洋精神，才是關鍵重點。答案如果是肯定的，就能將此青認同為「台灣青」，否則法國的紅、籃、白，中國的紅、黃，日本的紅、白，又是如何定調並取得普世認同呢？所以重要的是，「台灣青」色彩背後的那份精神象徵需要獲得全民的認同。

小琉球蛤板灣沙灘水陸
交接處正是一縷「台灣
青」。

回顧台灣的歷史，我們的祖先冒著生命的危險由中國渡過黑水溝來到台灣。當時一句俗語：「十人渡海六死三留一回頭」，道盡了他們堅毅的精神。經過四百年的歲月，由荷西、清領、日治到今天二十一世紀，期間又遭逢一次、二次世界大戰、國民黨來台、白色恐怖、退出聯合國的坎坷歲月，八〇年代好不容易躍上亞洲四小龍、科技大國的版圖，近年卻又深陷身分認同的泥沼之中，這一連串的變化或打擊，並未消磨我們的意志。在台灣的每個角落，人民都還很認真，很守本分的生活著，這不就是屢挫屢起的海洋冒險、無畏挫敗之精神表現嗎？所以台灣人的奮鬥史正是「台灣青」的精神。在論述成立後，即應彙整實踐，爭取全民認同。

工藝大師黃安福以台灣
烏魚為主體創作之台灣
青檯燈。

從政府到民間，發揮滲透性的影響力

2007 年我在國家文化總會任內宣布「台灣青」（色票：
Y100 C50）為台灣品牌色彩之同時，規畫了一個「台灣青」
的空間，並特別開發台灣和平鴿、玻璃屏風、家具座椅、吊
燈、桌旗、點心盤系列、別針等產品，以及服裝時尚秀等活
動，以實際台灣青的空間和產品讓大家開始接受這個概念
色。接著展開於全國各機關、學校、民間產業、企業界演
講，並自許以牧師傳道的精神推動「台灣青」的概念，鼓勵
民間各行各業，多多運用這個色彩。例如全國工商協進會
六十週年慶的文宣禮品即以此色系為主，而其他民間團體紛
紛跟進，滲透性的影響力悄悄地在民間展開。2014 年在台
新銀行舉辦的「台灣豐彩」系列展，工藝大師黃安福以「台
灣烏魚」為主體創作的檯燈，以及 2015 台灣國際蘭展以「台
灣青」為「藍天綠地好生活」的策展主題和色系，宣示台灣

即將展開鋪天蓋地的「綠文化、綠生活、綠產業」之行動，試圖有計畫、有組織地透過各行各業不同的大型展演，累積「台灣青」的能量，爭取全民的認同。

從「台灣青」的觀念實踐
綠文化、綠生活、綠產業

品牌的塑造，需要時間的沉澱，「抽象的品牌」意象是奠基於千千萬萬個「具象的成果」之累積。「台灣青」的內容，以台灣多樣性的生態以及山海之美來呈現，是最顯眼且易於了解。但「青」所彰顯的那份勇猛、熱情、憨厚、堅毅，卻是需由歷史以及現實生活的點點滴滴，以積沙成塔，匯流成海的功力，才能慢慢形成。換句話說，要由微觀切入，做好每件事，而每件事的目標均須通往「台灣青」的精神及意象，之後再以宏觀的視野，整合台灣的生命力，創造台灣的未來。

在二十一世紀，環境惡化已造成人類生活的威脅，台灣在此關鍵點上，提出「台灣青」的觀念構想是邀請大家共同實踐「綠文化、綠生活、綠產業」之新生活。食安、公安、核安等問題需以「台灣青」的精神來面對，期盼由無毒做到有機，還給地球一個健康的環境。這就是這個時刻，台灣在「台灣青」這個品牌概念色下，應有的行動。套句電視上台灣啤酒公司的廣告語「台灣尚青」，這句話貼切地道盡台灣的精神，聽到它每個人都會會心一笑。雖然爭取全民共識之路還很長，但我相信一直做就對了，「台灣青」一定能像「台灣紅」一般，在不久的未來牢牢地深植在人民的心中。

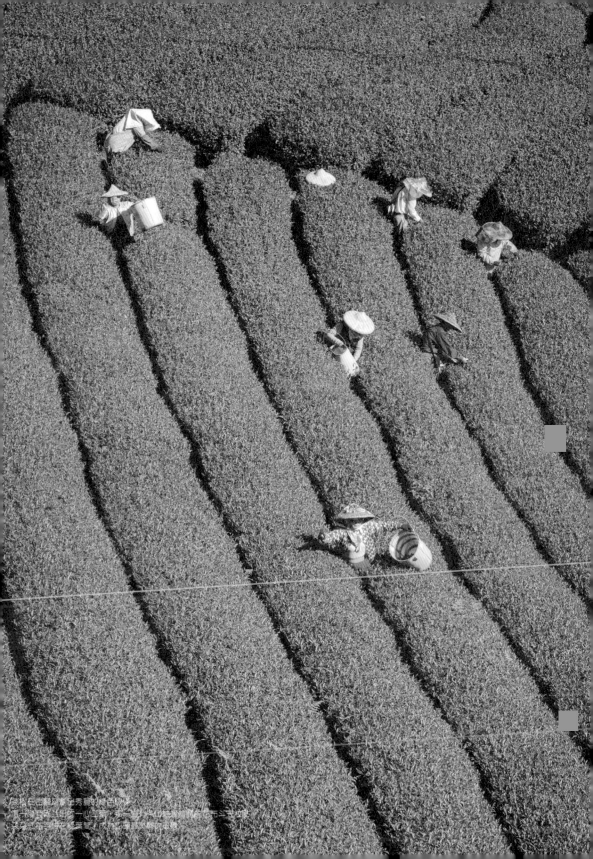

1
——
2

1.青山，一層疊過一層，光影起伏變幻；迷霧，穿透陽光，一道一道灑落，迷人豐富。大地，彷彿剛剛伸了懶腰，打招呼！
2.身穿白羽衣，縮著頸子，目光凝練，看似不在意，卻各個胸有成竹，站在青色船桿上的白鷺鷥們，和水色天地，融合為一。

一籠一籠的漁獲，今天有大豐收。 白帶魚、紅魽、鯖魚等，在跟海水一樣藍的藍子裡等待，謝謝你們，帶給我們豐盛的佳餚！

太平洋之上，蘭陽平原之東，龜山島浮於水面，仰臥在湛藍的海平面上，白雲飄過山頭，美得如癡如醉！

1. 杏眼圓睜，台灣藍鵲，在枝頭高貴駐足，一身翠翼朱喙，光彩照人。長尾山娘是山林間珍貴的忘憂藍，氣質高雅出眾。

2. 服裝設計師都想請教白痣珈蟌的穿搭哲學，如蜻蜓般的翅羽以深藍為主色調，胸口強調珠光綠，婀娜的身軀配上金屬光澤般的寶藍，翱翔天際，不搶眼也難！

黑潮溫暖清澈的海水孕育豐富的珊瑚礁生態。

天使不小心將眼淚滴落嘉明湖，是上帝遺失在人間的藍寶石。高山上的一泓幽靜深潭，那透著光的青，散發通透明澈的力量。

1
—
2

1. 澎湖七美的雙心石滬，是漁民流傳的智慧，用玄武岩和珊瑚礁砌成美麗的雙心石滬，請魚悠游入滬，成為浪潮邊唯美浪漫的景緻。

2. 成群結隊的魚兒在海裡遨巡探險，台灣的海世界，形形色色，繽紛精彩。一抹深藍，一抹淺青，一群發亮的魚，孕育出渾然天成的生態之美。

翠綠的山色倒影水鏡，靛青色是水和天空和溪岩調和的顏色。山靜靜，水低吟，感受天地間靜謐的光影流動。

2007 年「探索台灣青」發表會，「台灣青」特色客廳結合傳統工藝與現代設計的語彙，創造屬於台灣的時尚。

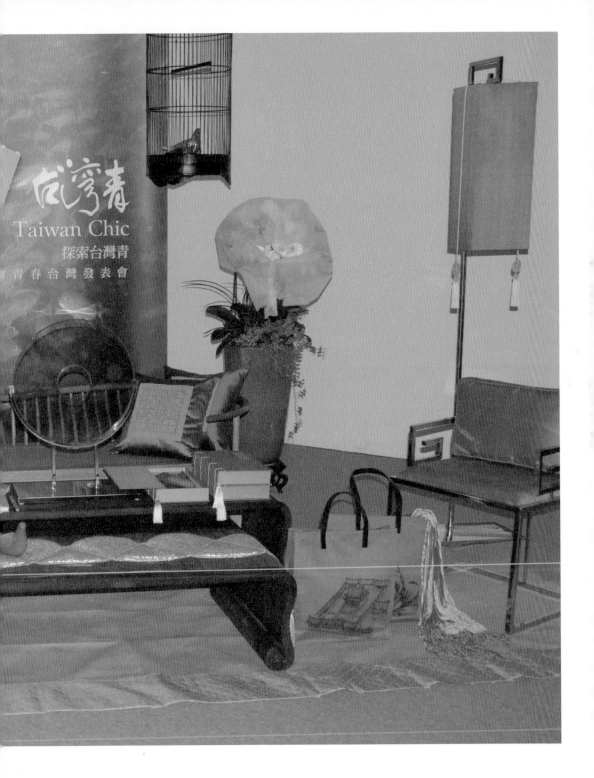

118
119

2015 台灣國際蘭展推出的以台灣青為主色調的創意空間。

夢鰈椅。

1. 2015 台灣國際蘭展會場一景。
2. 「結金蘭」如意糖罐。

2015 台灣國際蘭展推出的文創作品。

歷經春耕夏耘，終於秋收冬藏；金色的稻浪起伏如畫，描繪農家恬靜的四季耕讀，深呼吸，胸臆間彷彿已聞嗅到米飯香。

敬天富足 | 台灣金

TAIWAN GENE 873C
CMYK C30 M40 Y70
RGB R191 G157 B90

金黃稻穗點燃尋找台灣金的火苗

2007 年 9 月，起因於擔任「2009 年高雄世運」開閉幕式藝
術總監，開啓我持續一年多，每星期乘坐高鐵一日往返台灣
南北的生命經驗。有一天，高鐵行經嘉南平原時，窗外是一
望無際的稻田，黃澄澄、成熟的稻穗在陽光照射及微風撫摸
下翩翩起舞，眼前稻浪滾滾、金光閃閃，即使隔著緊密的車
窗，竟彷彿傳來陣陣的稻香，內心一陣悸動，這不就是道地
的「台灣」嗎？感動的伊始，點燃尋找台灣金色光芒的火苗，
我又開始另一趟爲期三年之久的田野調查之旅了。

來自於土地、生活、信仰的台灣金

「台灣金」來自於土地，源自於生活，歸根於信仰。來自於
土地（包括海洋），不僅有金黃的稻穗，還有許多黃金農作
物，例如：番薯、枇杷、楊桃、愛玉、芒果、柳丁、香蕉、
宜蘭的金桔子、台東關山的油菜花田、花蓮六十石山的金針
花海、苗栗曬在穀場上熟透的紅柿子等均是大地豐收的顏
色。烏魚子是著名的「台灣黑金」，鳳梨俗稱「旺來」，兩
者均代表著財源滾滾、吉祥之意；其中鳳梨外表佈滿金黃色

澄金稻米，粒粒飽滿，慶豐收。

1.「香蕉王國」好名聲，近悅遠來。 2.夏天最醉人的水果—芒果，黃澄澄喜孜孜。 3.圓潤豐腴的枇杷，像美人手中半遮面的琵琶。

的鱗甲，內部果肉也呈鮮豔的金黃色，果實頂部長的冠芽猶如鳳尾，其色澤及意念均符合台灣金的表徵，而鳳梨酥更是台灣最受好評的伴手禮。

源自於生活，從歷史發展軌跡時序來探討，發現例如清代的台灣三寶：茶葉金色的茶湯、晶瑩剔透的金色樟腦油和珍貴的蔗糖，以及日治時期促進台灣經濟起飛的「香蕉」等，這些「金」色充分代表著富足的形象。在生命禮俗方面，例如新生嬰兒滿月的金鎖鍊、金手飾，坐月子時吃的麻油雞湯，抓週時小孩頸上掛的福壽金牌，訂婚、結婚時刻新郎新娘互換之金飾等，這一切所展現的是喜悅、貴氣與希望的「台灣金」的蹤影。在與世界接軌方面，台灣許多青年學子參加世

界各種競賽，包括科技、資訊、設計等方面，均榮獲許多金牌發明獎的殊榮，彰顯了台灣年輕人擁有令人稱羨的「金頭腦」。林林總總最重要的莫過於台灣人民刻苦耐勞，擁有「真金不怕火煉、拚命三郎」之特殊性格。這特殊的人格特質百分之百宣示了「台灣金」這個輝煌色彩背後所要表現的台灣「真」精神、台灣「金」品牌。而台北地標 101 大樓內的金色阻尼器（避震球）高高在上，不只鎮住了台北，也鎮住了台灣，讓台灣擁有定心丸，讓台灣「金」平安！

所以，「金色」對台灣來說意義非凡，集其大成者，以宗教信仰為最。例如金光四射的北港媽祖廟、金面金身的媽祖、神明身上配掛的金牌、燒王船的科儀祭典、刈香時的行頭、繞境時滿山滿谷的金紙等，已然成為凝聚台灣民間信仰的精神指標。透過「台灣金」與神祇溝通交流，無論任何形式之科儀，都傳達著相同的敬神、祈福、避邪的虔誠情感。而在民俗節慶中，農曆春節處處可見的金元寶、金幣，元宵的放天燈、炸寒單、放蜂炮、求賜金龜，到端午的粽子、中秋的柚子，在在表現出台灣過節氛圍所自然流露的一份「金」的飽滿與圓滿，也累積了一個以「家」為核心的生命價值，吉祥溫馨的「闔家團圓」，豐富了每個人的人生。

綜觀台灣人民生活的一切，由微觀到宏觀，由普遍性到特殊性的角度切入，體驗的不管是物質層面的金色花果產物，抑或精神層面的民俗信仰、生命禮俗，在每個人生命中的重要日子，關鍵時刻，代表富貴、吉祥、希望的「台灣金」，是一種穩定內心的重要力量！這股強而有力的生命力就是「金台灣」！「台灣金」！

經過三年的搜尋探討，整理研究彙整並定調理論，接下來就是開始執行爭取全民共識的工作了。

2014 台灣國際蘭展推出的台灣金國宴餐具。

以民眾的自發力為起點，在民間蔓延

有別於「台灣紅」「台灣青」以政府及政策為主體由上而下
的推動方式，「台灣金」期以民眾自發力作為起點，以前所
未有的、具草根性的民間蔓延力量，藉由 2012 年國立臺灣
美術館舉辦之「集體智慧—2012國際科技藝術展」，首推「尋
找台灣金計畫」，由下而上，號召全民彙整集體智慧，探索
人民心中真正的「台灣金」。這個方式是讓活動參與者、作
品參與者及觀眾們均能透過尋求心中的「台灣金」過程，挖
掘台灣文化的深厚底蘊，進而認同它。活動由民眾自發性上
傳「台灣金」的攝影成果，三個月的展期累積將近九萬多張

「生命中的台灣金」作品，掀起網路上熱烈的討論，形成一個矚目的議題。這個文化運動最後集結眾人心目中之「金」，找出「台灣金」（色票：C30M40Y70）的色彩，並定義出它在色彩中表現的精神，即是台灣人民生活及信仰中踏實生活、敬天畏神、就地圓滿的生活態度。

2013 年透過幾所大學時尚造形學系的畢業製作，鼓勵學生運用「台灣金」為主色彩，發表琳琅滿目、爭奇鬥豔的時尚秀。2014 年更和台南市政府合作「2014 台灣國際蘭展」，以 24K 黃金的蘭花意象創造令人震撼的金色夜宴空間，四百多件新創的「結金蘭」餐具系列，以及驚豔的時尚服裝，創造了一個金色的創意空間，貼切地詮釋出台灣「金」的時尚概念。這次的展場邀請了鹿港木雕大師李秉圭在具有台灣歷史文化痕跡的金色「牛車輪」上雕出風姿婀娜的「阿媽蘭」，其旁則是李大師的父親李松林先生（已逝國寶大師）早期作品「蘭花屏風」，父子傑作相伴展出，呈現了台灣工藝藝術傳承及永續的深遠意義，這對父子傳承的珍貴事實，不也是「台灣珍、台灣金」的精神嗎？而新出爐的四百八十件食器，以天圓地方的模型，金色的色系，燒出高雅細緻的餐具，並準備了「蘭花晚宴」，是以台灣金和蘭花結合營造一場「色、香、味」俱全的金蘭天地！接著 2014 年 4 月，在台新金控大廳，也展出一系列「金色南瓜、綿延久久」的金色產品。2015 年第十一屆蘭展以「台灣青」為主色調，創造出「結金蘭｜縲絡素履」的精彩展出，大家可以期待 2016 年「台灣紅」將轟轟烈烈登場爭豔！

將這一生未完的緣，託付紙蓮花捎去；往昔所造諸業，乘蓮花、隨火光而燒逝。祈願、懸念、不捨與祝福都摺進這一方小小的金色紙花中。

如此一波一波有計畫、有規模的創作及策展行動，慢慢沉澱累積，台灣精緻的內心世界與輪廓就越來越清晰了。

以上所述均是說明如何將「台灣金」的意象透過大型活動、創意空間、產品設計來累積全民共識，如同「台灣紅」「台灣青」，金光閃閃的「台灣金」也需要時間的沉澱，當然它的品牌意象也是奠基於千千萬萬個「具象的成果」，真的需要耐心細緻的探索和執行。提出「台灣金」為概念色是期盼每個台灣人的生活都要有所思、有所本，在全球化競爭的洪流中運用金頭腦金（真）精神，珍惜金資源，創造金色的台灣。

色彩代表國家，展現當代人文色彩

國家有國家的品牌，就如同每個人都有個人的人格特質，兩者都需要經年累月的沉澱淬鍊才能成就。顏色是強烈的品牌識別意象，透過色彩，可展現土地的人文之美、自然之色、信仰之禮與國家品牌。

四年一度的奧林匹克運動會，不只是運動的競技場，從選手步出舞台的瞬間，國家品牌與文化特色也同步爭妍。2012 年倫敦奧運開幕之際，選手依序入場，中國選手著紅黃色相間之運動服；日本選手穿紅白色；法國是紅、藍、白；德國為紅、黃、黑；瑞典是天藍色和黃色相間；荷蘭則以橘色代表橘子國家，胸前配戴鬱金香；蒙古選手穿戴古代的戰袍；而所羅門則穿上他們原住民服裝……。不同的模式或色彩，代表國家品牌識別，在在都讓人印象深刻。令人扼腕的是台灣選手一席灰色西裝，讓人分不清來自何方，令人十分沮喪。更失顏面的是，在 2013 年的冬季奧運會，台灣選手們的服裝名

金漆蓮花燈，文武神將昂然而立，廟宇雕飾金碧輝煌。祥龍、福虎、仙鶴，富貴吉祥。龍騰、鳳舞、蝶翼，積德聚福。一刀一刻，栩栩如真；燦爛金光，莊嚴威儀！

列「服裝最糟糕」的行列。這些負面的消息更堅定我推動「台灣紅」「台灣青」「台灣金」總稱「台灣豐彩」文化運動工程的決心。

色彩融貫於生活，無論是慶祝嬰孩出生的紅蛋、台灣寶島的青翠山林、北港朝天宮的媽祖金身，都承載著生活於台灣土地上人們美好的共同記憶，相信經過不斷沉澱積累，台灣的品牌色必儼然成形。如同法王路易十四宣稱法國是「金粉法蘭西」，以建立凡爾賽宮、建設落地鏡廳，甚至用鑽石取代珍珠，開發金色、粉色的香檳酒來實證他的法國品牌意象，讓每個細節在他施政中都朝往同一個方向努力一般，「台灣豐彩」也可以色彩強烈的識別效果，展現現代台灣土地與人民的自然人文及信仰根基。未來的十年、二十年、三十年，邀請大家與我同行，以行動實踐理想，以「台灣紅」「台灣青」「台灣金」三彩，綻放「鑽石台灣」的風采與豐彩，成就台灣「品牌」！

祥雲從龍，颯颯英姿，金采煥發。金龍神威赫赫，吉光四射。一勒鬃，福臨到；一展眉，鎮金元寶；得見者皆大歡喜。

1
—
2

1. 百千萬盞天燈在暗夜中齊放，黑夜頓成白晝，一盞挨著一盞，火勢順著風勢，心願飄揚天際，每一道光、每一盞燈，都寫滿祝福的力量！

2. 火光奪目，蜂炮四起，寒單神轎在前，眾人熱力相炸。無畏灼灼熾熱炮火，求財謝恩，愈炸愈發，祈願炸出璀璨未來！

金面媽祖,慈光煥發,震懾人心。低眉舉手,側耳聆聽,聽你聽我聽他說。莊嚴慈藹的光照,庇佑每一顆虔誠的心。

夕陽映照粼粼波光，改變了海的顏色。 藍化為金，實化為虛。竹筏成為遠處光影中的潑墨山水，漁民如凌波仙人，踏浪而行，尋尋覓覓……。

九降風吹拂的日子,柿子紅了。趁著朝陽烈日當頭,竹篾曬滿紅通通的圓柿子。
美麗數大的景緻,每一顆都閃耀著飽滿富足的光彩。

1. 漁船悄然疾馳尋覓魚蹤，漁火點亮暗夜中遼闊的海洋。金色的光，瞬間，魅惑吸引魚群飛奔而至。也點亮今晚的豐收！
2. 貧病瘟疫人心懼，有請王爺震四方；備盛筵、燒王船，和瘟押煞，熊熊火光，驅散惡疾！

一粥一飯，當思來處不易。尚未褪去外衣的稻穀，像上蒼賜與的金飯碗，閃耀著稻田裡的光芒，隱隱的米飯香，隨陽光飄盪。

1. 燈亮、心安。點一盞光明燈，許諾人生平安與希望。供佛點燈滅千年闇，護持心中慧燈，聽慈悲指引方向。 金色的格子裡，託付著照耀光明前程的願望。

2. 方方正正，恭恭敬敬，紅邊黃金箔，金紙獻神祇稍去祝福意，燒來人間情。

金色南瓜，綿綿久久。

2014 台灣國際蘭展一景。

2014 台灣國際蘭展以金色為主色系的服裝秀。

2014 台灣國際蘭展「結金蘭」服裝秀。

2014 台灣國際蘭展「結金蘭」國宴餐具。

2014 台灣國際蘭展「結金蘭」國宴餐具。

Chapter3

文化空間

從許多建案廣告上，我們看見其中所代表的文化空間，幾乎是對歐美文化的模仿與想像。或許多數人乍看突兀，覺得荒爾，但這其實是令人相當心痛的一件事情一台灣的文化失了根嗎？為什麼我們總是捨近求遠，忘了自己的美好？幸好，國立臺灣歷史博物館與南投縣桃米社區的成功例子，驕傲地展現台灣歷史文化的 DNA，而這正是屬於我們自己的動人故事。

文化空間

國立臺灣歷史博物館｜台灣安身立命的心靈故鄉

我是誰？

台北的「紐約、紐約」像紐約嗎？繁榮的信義區像曼哈頓嗎？聖彼得堡、帝寶、維也納、倫敦、巴黎、諾曼第，是台灣豪宅的代名詞嗎？三峽鶯歌的遠雄造鎮詮釋了優雅的台灣嗎？路易十四、路易十六時代的華麗傢俱及室內布置，是我們追求的目標嗎？這一切突兀的現象不會令你心痛嗎？我會，而且深深刺入心底的深處。

以上種種是生活在台灣這塊寶地上的每一個人必須嚴肅以對的課題。普遍「失去自我」的慣性，也許源自於台灣坎坷的歷史命運。由荷西、明鄭、清領、日治到國民政府，一連串殖民史下所留存的文化古蹟，呈現混雜的建築形式及聚落空間，這一切是歷史的使然，我們無從選擇，且既已成事實並成為我們的文化資產，就該欣然接受並珍惜它。但，今日台灣已是一個「現代民主之聖地」，我們絕對擁有自由選擇放手創造的權力與空間，請不要自縛於殖民時期的思維，應打開心胸脫離被統治的陰影，勇敢地站起來，迎向堂堂正正

台灣古地圖 - 福爾摩沙島與中國沿海局部圖。

「做自己」的時代。

2000 年，台灣打破「槍桿子出政權」的迷思，進行一次「沒有流血的革命」，就在這個政黨輪替的關鍵時刻，我接下文建會主任委員之職。四年任中，恰好負責推動興建「國立臺灣歷史博物館」之工作，這是何等的榮幸呀！這個重大的文化建設不是我提出的文化工程，是十幾年前既定的政策，十

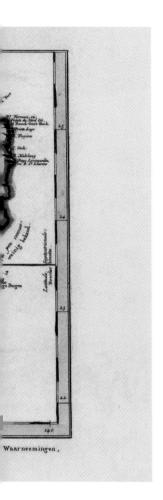

多年來因種種原因，起起落落無法落實。很慶幸它沒像其他幾項有意義的文化建設方案半路夭折，存活到恰好在我手中執行。我要感謝上蒼憐憫「台灣」，在被殖民幾百年後，終於有機會建立一個代表自己、詮釋自己的博物館。它是台灣最佳代言品牌，一張關鍵的國家名片，它能完全解套在參觀「國立歷史博物館」或「故宮博物院」之後，所產生的對身分認同的錯覺感，讓我們了解歷史的真相，尋回台灣的身世。於是把握這個千載難逢的機會，透過與相關學者專家密切的討論籌備，為台灣建設出一個擁有屬於台灣 DNA 的歷史文化空間，讓全民能在正確的氛圍中，體驗祖先們篳路藍縷，以啟山林的奮鬥史。

回到祖厝，說自己的故事：
歷史觀、擇地

國立臺灣歷史博物館簡稱「臺史博」，籌建源起於 1992 年前總統李登輝先生訪視「臺灣省立博物館」時，有感於「保存台灣歷史文化資產，建構台灣人歷史記憶，奠基台灣史研究傳統，推廣台灣歷史文化教育的重要性，指示省政府進行「省立歷史博物館」籌建工作。1999 年，配合「精省」政策，組織改隸中央更名為「國立臺灣歷史博物館籌備處」，2003 年動土起造，2007 年行政院核准正式成立「國立臺灣歷史博物館」，2011 年開館啟用。這是一個以「台灣歷史」為軸心，結合考古學、民族學、民俗學與博物館學等範疇，呈現台灣歷史及歷史觀

臺史博的光電雲牆空橋。

的博物館，它的成立讓我們得以尋回自己、說自己故事之權
利。

館舍基地設於台南市安南區—即四百多年前外人初識台灣並
開啟歷史時代的台江內海，也是我們生命的祖厝。因此，臺
史博興建地點之擇定是具備歷史意涵，它可平衡台灣重北輕
南之發展缺失，貼近庶民生活與島嶼文化，更可全面觀照台
灣歷史發展演進過程。在臺史博定位、內容、基地及法定手
續完成後，接下來就是繁雜的興建工程了。

臺史博光電雲牆後方透光的空中隧道。

象徵台灣歷史的四大元素：
渡海、鯤鯓、雲牆、融合

首先面對的就是如何營造一個具有台灣 DNA 的建築！這個
問題一提出時，大家都一頭霧水無法聚焦，但經過多次討論
辯證後，敲定兩個重點：一、身處二十一世紀，我們得活在
當下，所以它是個前衛、現代的建築。二、它必須運用台灣
DNA 之元素，經轉化呈現於博物館空間中。這就是我長久
以來倡導之「原鄉台灣＋時尚台灣＝鑽石台灣」的理念。在
此兩大原則下，博物館建築設計由象徵台灣歷史的四大元素
展開，分別為「渡海」「鯤鯓」「雲牆」「融合」。

「渡海」是參觀民眾經雲天廣場進入臺史博映入眼簾的第一個視覺意象，壯闊的浪景由前庭水域與潺潺流水構成，黑色的洗磨石子妝點階梯狀的水瀑池壁，對比白色的浪花，象徵歷史所載之險峻「黑水溝」，蜿蜒的渡海步道，引領我們向前傾斜往下走，左右兩旁的水景讓我們彷彿回到歷史的長河，體會先民渡海來台的場景。

「鯤鯓」是沙洲之意，它是先民對台灣島的第一印象，左側水中的「水舞台」即代表「鯤鯓」，模擬祖先在海中，遠眺台灣的第一個印象。

「雲牆」是在「渡海」及「鯤鯓」的背後築起的一道牆垣，一座六邊形筒狀鋼架支撐的太陽能玻璃光電牆。它夾著藍色矽晶的玻璃，映射著陽光的光影，代表著渡海時抬頭望天，眼前豁然開朗、充滿希望的景象。

「融合」則在展示教育大樓及行政典藏大樓兩棟主要建築物上呈現。規畫中，擷取了原住民干欄式架構，取代常用的四方形、原型基柱，另有石板屋、傳統木構架及閩式合院紅磚建築之語彙，展現多元族群融合風貌；在建材的使用上，也忠實反映歷史建築的主要材料：竹、木、石片、紅磚、石材，再以現代科技材料：水泥、金屬、玻璃等，透過新技術、新工法、新設計，展現渾然天成、傳統時尚兼

臺史博杆欄式基柱。

臺史博光電雲牆。

具的作品。而建築師為了凸顯干欄式建築主從空間之關係，
展示大樓利用基柱將主空間挑高至二、三、四樓層，另利用
結構轉換方式，來確保空間使用的自由度，達到通風防潮的
氣候調節效果，亦體現台灣熱濕氣候之特殊建築風格。建築
設計呼應當地環境自然的原貌，創出建築與環境相互融合的
共生關係，這種綠建築概念也是臺史博所要彰顯的現代精
神。站在四樓向下俯瞰，由右至左，六千年前的台灣，一路
延續到今日的台灣，整個歷史的架構就在眼前一覽無遺，壯
觀地令我動容。

融合台灣歷史語彙和綠環境：
草、水、風、沙、牽手橋

圍繞建築本體的四周環境也是經過精緻規畫設計，既呈現台

臺史博園區公共藝術：數位
影像《原初台灣未來之島》。

灣歷史語彙，更符合二十一世紀普世價值的綠環境，是座迷你的歷史公園。公園除著重人文與自然融合的特色外，同時兼顧整體環境的藝術性。園區內三件公共藝術作品呼應了建築的故事主題，開啟「現在與過去」「個人與族群」「人文與自然」的對話空間，引領觀眾從過去的時空展望未來，提供新的時空體驗。它們分別是：一、**動力藝術作品「逐浪海上風　腳踏鯤鯓地」** 運用船槳排列成一艘看不見船身的巨舟，藉由船槳的律動呈現渡海的場景，象徵航向自由與希望的未來；二、**圓球狀的雕塑「和樂」**，則連結了台灣多元族群與文化的圖騰，藉由圖騰間彼此的連結、交錯，呈現出同中求異、異中求同、彼此包容、共生共存的文化紋理；三、**數位影像「原初台灣、未來之島」** 則卸下了所有人為地標，還給台灣一個遠古的純真面貌，帶領觀眾體驗真實與虛擬間時空交錯的願景台灣。

園區左方是兩座蓄洪池，分別命名為「忘憂湖」「有情湖」，湖中設置生態小島及草浮島、水域棲地，是以生態工法建造的人工濕地生態池，除可防災洩洪外，並可供臺史博園區植物自動給水，景觀水池使用等功能。這裡也是候鳥的樂園，提供訪客認識台灣自然生態與原生物種的自然保育休憩區；兩湖間的「牽手橋」，是情侶、朋友們散步的好景點。有情湖對面的「快樂萬花筒」，以「童趣」為主軸，結合「夢想、啟發、台灣」三元素，分為「草」—遊戲學歷史體驗區、「水」—快樂揮灑區、「風」—飛翔空中的植物精靈區、「沙」—台灣沙池區，以視覺景觀、意象裝置、遊憩設施、植物素材，以及相關的活動配合等方式，讓一般民眾和親子訪客，擁有與自然生態融合的學習場所和休憩空間。另區內

1. 臺史博園區公共藝術：雕塑藝術《和樂》。
2. 臺史博園區公共藝術：動力藝術《逐浪海上風 腳踏鯤鯓地》。

規畫有蝴蝶食草、蜜源及景觀植物，建立蝴蝶復育區，讓民眾至此可見翩翩蝴蝶飛舞，並體驗蝴蝶從幼蟲至結蛹及羽化之生命歷程。

以上介紹之綠環境，具備展示、教育及休閒之功能，規畫之用心，值得我們多次造訪。

以造景呈現歷史臨場感：
媽祖、報馬仔與三棵樹

臺史博教育展示大樓擁有三個重要的展廳，分別為兒童圍繞建築本體廳、常設展廳及特展廳。位於一樓的兒童廳，包括時光之旅、自然台灣、農村采風、遊戲童年四部分。最重要的常設展廳位於二樓，挑高至三、四樓，形成一個無隔閡的融合空間，常設展內容則分為：

（一）「斯土斯民─台灣的故事」展覽主題採用多元詮釋的歷史觀，以歷史時間軸序列，穿越割裂的統治政權，表現台灣的文化與生活。

（二）「早期的居民」單元，為呈現只有考古文物，沒有影像的台灣史前史，模擬了三個不同時代生活面貌的縮尺模型，包括舊石器時代的「八仙洞遺址」、新石器時代的「墾丁遺址」及鐵器時代的「淇武蘭遺址」模型。另外，也透過原住民的神話傳說，了解原住民對遠古的自我詮釋。

（三）「異文化相遇」單元，展現十六、七世紀，來到這座島上的異族文化，不只有荷蘭人和西班牙人，還有日本人及漢人，他們上岸後，和島上的原住民產生了什麼樣的互動？又對台灣社會造成了什麼樣的影響？透過荷蘭船艙了解當時

1. 臺史博常設展：斯土斯民－臺灣的故事。 2. 臺史博常設展：異文化相遇。 3. 臺史博常設展：早期的居民。

的航海生活故事，並藉著一組四面的大型螢幕，做為小劇場，呈現這些人的互動情境。

（四）「唐山過台灣」則透過一艘以原尺寸大小的「紅頭船」載滿船員及偷渡客靠岸台灣的場景，重塑了台灣被納入清帝國版圖後，閩粵居民渡過艱險的黑水溝移民台灣的故事。這批移民進入台灣後，遇到了原住民，產生了錯綜複雜的關係。

（五）「地域社會多文化」單元是指十七至十九世紀間移民陸續進入台灣島不同的地區，因地理環境、人群差異而形成

1. 臺史博展場内的報馬仔。　2. 臺史博常設展：地域社會與多元化單元中的媽祖出巡。　3. 臺史博常設展：鉅變與新文化。

不同的發展。民眾將沿著海岸、平原、丘陵到後山的參觀動線，了解當時各區域的發展。而真人比例的藝陣隊伍，也象徵著不分時地，宗教信仰始終連繫著這片土地與人民。

（六）「鉅變與新文化」，走進展區日式派出所映入眼簾，此單元正是展示日本如何在台灣建立殖民政府，同時說明台灣社會的改變與適應，和民族主義的萌芽。台灣的都市也在此時漸漸成形，透過街屋及街景的復原，展場提供了雜貨店、和服店、照相館、咖啡廳及診所，讓參觀者體驗日治時期的都市生活，而台北榮町（現在西門町一帶）的縮尺模型，更能提供民眾新舊對比的樂趣。

（七）「邁向多元民主社會」單元從二戰後日本離開，國民政府接收台灣的年代談起，透過家庭代工、教室等場景、互動設施及文物，展示台灣近六十多年來的經濟發展、社會多元轉型到邁向民主社會的歷程。

（八）「展望新世紀」是展覽的最後一單元，透過劇場的形式，跨越上下樓層同時放映小朋友寫給台灣的信，和台灣自然人文風景等影片。

總共八個單元，各單元以大型造景呈現之視覺焦點，襯托出展示場之歷史臨場感。

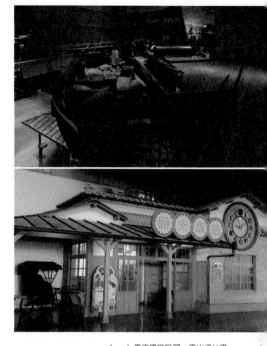

1　1. 臺史博常設展：唐山過台灣。
2　2. 臺史博兒童廳－時光車站。

其中，媽祖出巡、燒王船、刈香行腳，位居展場中央，氣勢磅礡，神明、信徒栩栩如生。而走在媽祖遶境隊伍前的先鋒人物－報馬仔，更是生動逗趣，全身是戲，傳遞不少台灣人民做人處事的生活態度，例如：一席黑色套裝，褲管一高一低表示人生浮沉，有起有落；眼鏡有框沒鏡片表示看透人生；蓄燕尾鬚象徵報馬仔與春天報信的燕子一樣，更深一層的涵義是提醒眾生為人要言而有信；反穿羊皮襖表示報馬仔這份工作備受煎熬，並傳遞要把溫暖給別人的熱情；手握銅鑼中央畫上紅心表示勞心勞力；右腳打赤腳表示腳踏實地，左腳穿草鞋貼膏藥，則是警惕做人如果不腳踏實地，必將遭人揭瘡疤，凡事天知、地知、我知，不要存僥倖的心理；手拿一雙草鞋表示長途跋涉千辛萬苦，肩上扛著豬腳和長傘，是要警告後代子孫知足常善；刁著菸桿掛著錫壺表示做人要感恩惜福；掛著韭菜和煙袋分別表示報馬仔的精神要長長久久、代代相傳。警世道理集於一身，真是

傳神。

展場中特別醒目的則是「三棵樹」，分別是代表原住民的刺桐、代表漢族的榕樹，與代表日本的紅檜，虛擬實境令人印象深刻。

特展廳設於四樓，策展內容大多選擇台灣民眾生活最貼切的故事，例如「水火交 · 天人會—台灣王爺信仰」「台灣女子 · 非常好」「逆轉勝：台灣棒球」「看見平埔：台灣平埔族群歷史與文化」等。在此展場即是人生舞台，展品會說話，娓娓道出動人的故事，散發強烈的歷史生命力，跨越時空，鼓勵著我們。

我心不再流浪

認識台灣是台灣人的基本權利也是義務，所以我主張國小六年級前，每位學童都該熟知台灣歷史並走訪臺史博，能親身體驗這段先民的奮鬥史。但至目前為止，建言未被採納執行，教育部並未了解到這項工程的重要性，在課程中我們的學生沒有機會透過校外教學親臨現場學習。無奈之下，也沒有權利失望，我本身無論在接待外賓，舉辦活動時，臺史博都是我的首選，也親自帶著政大、師大碩、博班的學生，坐高鐵來台南做校外教學。另項更積極的做法，則是在 2012 年發起「行腳歷史 · 揚帆台灣—臺史博圓夢計畫」，匯集各界資源，讓偏鄉社群及弱勢家庭實現探索台灣歷史的夢想。成立以來，2013 年邀請三千八百位學童來訪，而 2014 年則高達六千多人。相較於台灣學生人口數或許不多，但我相信「做！就對了！」數量雖少，日久也能積沙成塔。我深信臺史博成立讓每一個台灣人的心不再流浪，因為我們已經擁有一個台灣人安身立命的心靈故鄉。

臺史博內的刺桐代表原住民。

臺史博內的紅檜代表日本。

臺史博內的榕樹代表漢族。

綠色交響詩與蘭花圓舞曲

深幸身為植物

我生長所以我存在，不斷邁向新的目標，就如同不斷冒出新的嫩芽，不必擔心長老了會逝去，逝去是因為時間到了會逝去，抑或是動植物把他們吃了，但我的根仍存在，所以我再生長。

氣候變化也許會帶走我的嫩葉，不過不要介意，因為對我而言，只問耕耘不問收穫是我看待生命的態度，我的名字叫作 **Sonerila**。

我在馬來西亞的雨林中安靜地活著，不過一、二世紀以前，人類把我帶到遙遠的歐洲，幾乎沒有人發現我的存在，因我是很稀有、很特別的蕨類植物，生長在深山的岩石石縫中……。曾經有昆蟲飛過，大雨滴、大陣風呼嘯而過，旱季打擊過我，我仍每二、三個月長出一片新葉，繼續生存著。

我祈求我的好鄰居，很大很大的樹不要消失，粗野又強悍的野生植物不要擠我，使我呼吸困難，我們應各自在自己的位置上相容過日子。

今天，下雨了，我就更美了！

我把競爭的煩惱留給許多動植物，尤其是人類，我永遠無法像他們一樣，我尊重自然，安靜的活著，別忘了，我的名字叫 **Sonerila**……。

— 摘自綠先生 **Patrick Blanc**《深幸身為植物》

一身綠意的綠先生 Mr. Patrick Blanc。

綠先生（Patrick Blanc），法蘭西翰林學院（Institut de France）科學院士，在成爲詩人、藝術家前是位研究熱帶樹林灌木叢之專家，也是位上山下海尋訪植物的科學家。

「Blanc」，他的姓，在法文裡是白色的意思，但大家都喜歡稱他爲「綠先生」，不僅因爲他是研究植物的科學家，而是他從頭到腳一身綠色的打扮；挑染的綠頭髮、綠框眼鏡、綠花襯衫、綠皮帶、綠西裝、綠指甲到綠襪綠鞋……，以從一而終的「綠品牌」與他的專業發明、藝術創作相互呼應，是位傳奇人物。他的《身爲熱帶雨林中的植物》和《深幸身爲植物》兩本著作，把自己虛擬爲植物，娓娓道出生命的眞諦，深富哲思。他說他在閱讀雨林及植物時，就好比閱讀寓言故事。一片綠葉對他而言，好像光彩奪目的珠寶，當陽光照射其上，對他是種致命的吸引力。他認爲整體的雨林法則，在表面上看去好似協和，但其實內藏許多挑戰和鬥爭，弱肉強食是自然現象，但最卑微的生命卻能從柔弱中產生無比的剛強韌力，蕨類的生存就是如此。

綠先生發明的的垂直花園。

現代人的生活離自然愈來愈遠，綠先生關心綠色植物在都市中的分佈及生長，他更關心人類的生活空間，遂以綠色雕塑一片震撼的綠牆，將藝術、科技與自然結合在一起來改變城市、公共場域的風貌。他的創意是種革命性的突破，讓世人以不同眼光重新檢視這世紀生活文明發展的趨勢。

讓人們重新看待與植物的關係：綠牆、垂直花園

垂直花園（vertical garden）是綠先生發明的一套專利系統。它由金屬框架、PCV製成厚約十毫米的防水層及三毫米的不織布毛氈層三部分所組成，是一個可定時以網架系統管線方

垂直花園 Halles Avignon face Juin。

式傳輸水分和養分維持植物壽命的新發明。它改變了植物根部必須生長在土壤、水中、水面、沙地等現象，以新科技之發明讓植物依附在系統上維生，因為這個系統十分輕盈，所以可以裝設在各種大小牆面上。如果想將其裝設在室內，甚至完全沒有自然光線的密閉空間，人工照明是不可或缺的重要搭配條件，而植物種類的挑選則以適合在地生長環境植物為主，完全要符合環保的概念。

垂直花園的設置，有助於人們以正面的態度來認識、了解，關心自然界的植物。過去當我們擁有一座花園時，都是以俯視的征服角度來看待植物，認為自己在其之上。然而，當花園垂直懸掛在我們面前時，形成植物與我們面對面的角度，是處於平等的地位，這時我們就會開始認真地去觀察它的根、莖、葉、花等，一切的一切，並試著與其對話。這樣植物就不再是平躺的裝飾品，而是站立著，與我們平等相處的

柏和立博物館外觀

生物個體了。

來自於柏和立博物館的震撼

與綠先生結緣，源自於 2006 年秋花都之旅。因受法國柏和立博物館（Musée du Quai Branly）馬汀館長（Stéphane Martin）之邀，前往巴黎參加新博物館落成首展之盛會，這個博物館是法國前總統席哈克（Jacques Chirac）任內最重要的文化建設成果，座落於鄰近艾菲爾鐵塔（La Tour Eiffel）的塞納河（La Seine）畔，一座專為典藏及研究歐洲以外包括非洲、亞洲、大洋洲、美洲的原始藝術與文明的博物館。它的誕生與龐畢度中心（Centre Pompidou）相似，兩者皆起源於法國兩位總統的政治遠見，他們是計畫者而非單純的執行者。負責建築主體操刀的是法國著名建築師尚‧努維爾（Jean Nouvel），他由艾菲爾鐵塔的倒影中得到靈感創出博物館主體的塔型建築物。建築物的外觀爬滿了蕨類等植物，這個設計理念則是活生生的創意。站在館前，想到館內的珍藏的是三十多萬件世界人類原始藝術文明的珍品，館外則披上以植物原始祖先——蕨類為 DNA 所編織的綠色外衣，這個結合人類文明與自然生態的巧思令我震撼。當時我正任職文化總會祕書長之職，內心就在想，有甚麼機會能將這個震撼帶回台灣，獻給台灣人民。

賦予國家音樂廳‧國家戲劇院內在靈魂

2007 年 3 月，我轉任國家音樂廳‧國家戲劇院（簡稱兩廳院）董事長之職，對兩廳院有很大的期許，期許它們各自能擁有代表性的常駐藝術團體，如同基洛夫芭蕾舞團暨交響樂團之於俄羅斯馬林斯基劇院，紐約愛樂之於艾佛里‧費雪廳（林肯中心），柏林愛樂之於柏林音樂廳等。放眼望去，所有重

綠先生走訪台灣各地探尋蕨類
蹤跡。

要的、富有盛名的表演場所，是具備優質的軟、硬體，才能成就它在世界上歷史性、藝術性與長久性的地位，換句話說因擁有內在靈魂，才有別於其他「有殼無魂」的場所。我們常說眼睛是一個人的靈魂之窗，眼神可以表現一個人的人格特質，兩廳院如同台灣的一雙慧眼，能適切地表達台灣的精神、台灣的內涵、台灣的靈魂、台灣的國格。

現在音樂廳中有國家交響樂團坐鎮，戲劇院中雲門舞集、無垢舞團、優人神鼓、漢唐樂府、當代傳奇、紙風車劇團、綠光劇團、國光劇團連番上場，它們確實精彩地展現了台灣軟體的實力，代表正港的台灣品牌。

而在硬體方面，主體兩座建築完全是中華文化復興時期美輪美奐的代表品，所以我常在想，用什麼方式能讓國、內外藝術家、藝術團體及所有觀聽眾們，確實領會身在台灣這件事實，柏和立博物館的體驗給了我很大的啟示，於是力邀綠先生，有幸在 2007 年春末達到目的，順利安排綠先生造訪宜蘭棲蘭山鴛鴦湖自然保留區、南投惠蓀林場、杉林溪、溪頭及高雄藤枝森林區。此趟參訪，一路上綠先生欣喜若狂，像一隻綠色的蜥蜴趴在地上欣賞、觸摸、親吻綠色植物，流連忘返，而我在一旁被他那份執著及赤子之心深深感動。這次綠色驚豔之旅，促成了兩廳院「綠色交響詩」與「蘭花圓舞曲」的誕生。

讓市民更親近植物：
綠色交響詩·蘭花圓舞曲

1. 台灣山林間處處可見各種蕨類。　2. 台灣阿嬤蘭。　3. 黃金天鵝蘭。

2
1
3

台灣是世界著名的「蕨類王國」，擁有七百多種的蕨類植物，綠先生挑選了常見品種五十一種、四千一百五十三株的植物，以他專業的知識與藝術品味，在國家音樂廳四號門（吧檯區）及六號門（觀眾休息區）側廳設計了兩座綠色的垂直花園，我們稱它為「綠色交響詩」。顧名思義，「交響詩」就是希望這兩座綠牆能滿足都市民眾渴望與植物親近的需求，如同音樂一般使人心情愉快，輕鬆自在提供聽眾於音樂會前後及中場休息時刻一個浪漫的創意空間。推出後受到各界的熱烈討論及喜愛，造成一股潮流，也加速了兩年後「蘭花圓舞曲」的建立。

「蘭花王國」是台灣的代名詞，2009年兩廳院再度邀請綠先生在戲劇院四號及六號門之兩側廳，分別設計兩座蘭花牆。這兩面蘭花牆的概念很簡單：代表對於蘭花及蘭花工作者的敬意。

第一道牆使用的蘭花（同時運用台灣原生品種及東南亞品種）展現蘭花家族生長的習性。蘭科植物與菊科植物是開花植物中最龐大的兩大家族，蘭科植物多達二萬二千五百種品種，其中大部分爲生長分布於熱帶的附生植物（依附於樹幹上生長），蘭科植物因其可依附生長的習性而聞名。其根部結構通常會有一層白色的表皮，可於夜間吸收濕氣和露水，並減少白天的蒸發；莖部通常較小而肥胖，形狀像燈泡而可以儲水；葉子通常較厚，長生且可儲水；種子有複雜的授粉機制並可隨風飄散發芽；有些品種的花朵很大，色彩鮮豔，有些品種的花瓣則很小。這面牆上，不同品種的蘭花周圍種植了非蘭科植物，用以呈現蘭花的多種特性，是依據這些蘭花的生長習性精心設計，因爲這些品種的來源，或許我們可以稱之爲「原始之舞」。

第二面牆種植了色彩豐富的蝴蝶蘭，代表對於台灣蘭花育種者的尊敬。近二十年來，台灣的園藝專家培育出許多不同顏色且花瓣上有深色斑點的品種，這些花藝專家大部分來自於南台灣。這些改良過的雜交品種，現在於亞洲、美國、歐洲、俄國等地的花店都可以找得到。蝴蝶蘭適合種植於室內如公寓裡，它不太需要特別照顧，只要不將已開花的莖修剪掉，凋謝後幾個月又會開出新的花朵。蝴蝶蘭的學名意指「長得像蝴蝶」，在希臘文中，Phalaen代表蝴蝶，psis代表長得相似，因此我們或許可稱這第二面蘭花牆爲「蝴蝶之舞」。

人文與自然的結合，影響台灣城市風景

「綠色交響詩」與「蘭花圓舞曲」的創舉讓古老的建築注入新的生命，讓國內外藝術家、藝術團體、觀聽眾們重新認識台灣是「蕨類王國」與「蘭花王國」的事實。它美化了傳統的空間，傳遞了環保的概念，彰顯人文與自然結合的「綠文化」意涵。最令我欣慰的是它蔚為風潮，影響了台灣的城市風景。就在「綠色交響詩」推出後短短的幾個月中，就看到台中勤美誠品、全台各地建築營造工地、百貨公司內的角落及城市畸零之空間等，片片綠牆聳立眼前。這波綠色視覺革命挑戰了世界一波又一波與天競高的建築風潮，翻轉了水泥城市的氛圍，讓民眾受惠並享受都市綠化的生態景觀，提昇了生活素質。

綠牆不只是一面牆，它傳遞的是觀念的革新。兩廳院前瞻的作為確實帶動風潮，改變台灣城市的風貌，成為最佳的台灣綠文化代表品牌。

綠先生走訪台灣山林尋找靈感。

國家音樂廳綠牆《綠色交響詩》。

國家戲劇院蘭花牆《蘭花圓舞曲》。

陳瑞憲為台北京棧時尚廣場 Q Square 設計之綠牆。

FAAP exhibition, Quaternary hanging structures, Sao Paulo

360 KUWEIT SHOPPING MALL

桃米社區濕地義工。

桃米社區 | 生態村、紙教堂、蝴蝶王國

地牛翻身

1999 年 9 月 21 日凌晨 1 點 47 分,在中台灣發生芮氏規模
七點三強烈地震,災情遍及南投、台中、彰化、雲林及台北
等縣市,共造成兩千四百一十五人死亡、二十九人失蹤、一
萬一千三百零五人受傷;房屋全倒五萬一千七百一十一戶、
半倒五萬三千七百六十八戶……。短短的一百零二秒之搖晃
震盪,竟造成地毀牆摧、生離死別的人間慘劇,全國經濟損
失高達三千六百多億,是台灣有史以來最嚴重的地震之一。
地牛翻轉,災情慘重,全國上下一致投入救災工作,而不同

屬性的非營利組織在救災、安置、重建時期各自扮演著差異性的功能。透過中央各部會、地方政府與民間合作，展開各項重建事務。「財團法人新故鄉文教基金會」（簡稱新故鄉）在地震後受邀進入南投縣埔里鎮桃米里協助社區重建工作，開啟了這段動人的人與土地共生的奇異之旅……。

人與土地共生的典範：
新故鄉文教基金會、桃米里

新故鄉文教基金會投入社造工作

新故鄉文教基金會是由廖嘉展、顏新珠這對記者夫婦於 1999 年初創立，創立不久即遭逢 921 大地震，劫後餘生的經驗，讓他們發願投入重建工作。廖嘉展早期服務於《人間雜誌》，這是本深具人道關懷的雜誌，出版四十七期後因財務壓力而停刊。在《人間雜誌》工作期間，廖嘉展意識到身為記者的侷限，在確定自己對社會改造的看法後，毅然決然於 1989 年舉家離開台北，來到顏新珠理想的新故鄉—南投埔里定居，希望在埔里能接地氣，長期經營，長期觀察、寫作，做實際紮根的耕耘。1993 年，因受雲門舞集創辦人林懷民老師及陳錦煌醫師的邀請而來到新港，透過報導文學《老鎮新生記》一書，記錄新港文教基金會的社區工作，見證了集體英雄改變社會

桃米社區以生態村為災後重建掀起新頁。

跨海來台的紙教堂是台灣和日本震後社區重建的交流平台，紙教堂新故鄉見學園區於921地震九周年正式開園，是桃米新人文地景。

的力量。1996 年回到埔里，立即遇到位於大馬璘遺址上方的埔里高中正要興建宿舍，遂投入搶救遺址之工作；接著成立「展顏文化事業工房」，加入新掀起的地方文史工作。這段親身參與文史運動與記錄的過程，讓他在不斷磨練中強化詮釋理念與現場實際操作的各種方法與能力，也看見社會最基層社區工作的可能性。

之後，擔任「中華民國社區營造學會」所發行《新故鄉》雜誌的社長與總編輯。因前述諸多實務工作經驗的累積，遂立志為推廣社區與終身學習的觀念與行動，創立了「新故鄉文教基金會」。這一路走來，在探索、尋求自我、確定人生方向後就無怨無悔地全心投入社造工作，在地震前已積極參與埔里地區的社區活動，921 地震後毅然決然地投入重建工作。10 月，「新故鄉」進入桃米，正式啟動參與桃米社區重建之路。

桃米經驗和生態村

大地變色：縫補心靈的裂縫

土地認同與教育學習是廖嘉展重建社區的核心價值，認同的形塑、學習的成果則需要分階段性的陪伴與長期在地的培力，所以一進入災區，就立下「軟體先行、硬體隨後」的原則。「新故鄉」在震後初期即規畫四個重建面向：生活重建、校園重建、文化與傳播及社區重建。在此目標重點下短短的數日內即成立「埔里家園重建工作站」，開始有效的社區組訓工作，積極引進外界人力、財力、物質資源，回應在地需

求作有效分配運用。

撐起一個家的婆婆媽媽工作坊

在面對震後大地與心靈裂縫的縫補，「新故鄉」在工作站下
附設「婆婆媽媽工作隊」，其後並設立「婆婆媽媽之家」，
是生活重建婦女網絡的重要支柱。

廖嘉展秉持由最小單位思考起的方式，讓種種
細緻的小事，累積點、線、面、體而能成就大
事。在主婦聯盟環境保護基金會的協力下爭取
到環保署的經費補助，讓災區的媽媽們從事掃
街、環境清潔的工作，工作所得每半天四百元，
希望這群婆婆媽媽在面對茫然的未來，有一個
實質的收入及與朋友們互慰的機會，並在工作
中建立自信走出傷痛。婆婆代表「耆老」，是
一種對「生活智慧」的尊重；「媽媽」則引出
了「孩子」，是一種推動「親子互動」的主張；

桃米社區婆婆媽媽之家。

最後「之家」則蘊含了「共享」，是一段「與子偕行」的相
伴允諾。媽媽站起來，家中長輩和孩子們有了支柱，地震後
的哀慟、悲傷、恐懼、焦慮、憂鬱等無法承受的情緒，會漸
漸在生活中慢慢紓解。

校園重建，凝聚社區認同感

921 地震將南投縣一百八十二所學校摧毀了一百四十八所，
「新故鄉」在完成埔里地區校園災損調查後，開始與在地的
教育工作者以及各地關心校園重建的人士、專家學者和學校
成員（行政人員、老師、學生、家長），推動「埔里四校創
造性的教育重建計畫」。過程中，不僅培養了成員對社區的

認同，對自然環境的尊重，更提供共同築夢的機會。之後透過行政程序取得教育部、NPO 組織和民間企業的認同後，「新故鄉」居中協調，爭取到由原建築師監造的監造權，迫使政府權力下放，在官民合作的領域中是一大突破，影響甚鉅。此方法成爲政府推動另外三十九案災校重建的指引，讓自然生態與人文環境契合，促成了教育部「新校園運動」的推動，更改變全台灣對自然人文結合觀念上的提昇，是重建史的一個重要里程碑，社會運動中的寧靜革命。

蛻變爲生態旅遊典範的桃米里

「桃米里」位於南投縣埔里鎮西南側約五公里，是埔里往日月潭必經之路，人稱「挑米坑仔」，其地名源自清代魚池五城一帶米糧不夠，居民翻山到埔里購買，這裡是挑夫們的休息小站，因而有「挑米坑」之稱，戰後改爲「桃米里」。海拔高度介於四百三十到八百公尺的桃米，有六條大小溪流貫穿其間，保有相當面積的自然及低度開發地區，擁有多樣的森林、河川、濕地及農業生態系，生態資源豐富，面積約十八平方公里，人口近一千兩百人；過去以種植麻竹筍等雜作爲主要經濟來源，隨著台灣整體農村產業沒落，社區中土地陸續休耕，人口流失老化，地震前是一個日趨沒落，可說是埔里最貧窮的傳統農村。震後因「新故鄉」的入駐，一步一腳印，跨越藩籬，蛻變爲台灣生態旅遊的典範。

建立生態村，累積「桃米經驗」

震後如何在傳統鄉村重新尋找出一個兼顧「永

續環境」與「利益共享」的發展模式，無疑是鄉村再活化的重要課題。2000 年開始，「新故鄉」在農委會特有生物保育中心的協助下，完成桃米里專業的生態調查，其中台灣原生蛙類有二十九種，桃米就發現二十三種；蜻蛉類一百五十六種，桃米現蹤的就有六十五種；蝴蝶四百一十八種，愛蝶人可在桃米看到一百五十六種的芳蹤。生態寶庫的桃米，根據專業調查，設計教育學程，開辦生態解說員教育培訓，並引入生態倫理和工法，決定朝「生態村」目標前進。

桃米社區濕地上的蜻蜓流籠。

既要作為一個生態村，居民的行為、價值、產出都要與生態相關，經過一年的學習，社區居民才了解自己的家鄉有多精彩，是一名副其實的「寶山」。在了解在地人文自然特色後，社區集體意識被啓發，形成新的團結力量，「願景目標」設定後就勇往直前，讓桃米自地震以來累積了令人動容的「桃米經驗」。

以生態工法創發在地景觀特色

除了生態解說員在生態旅遊中，居關鍵角色之外，其中值得一提的是，重建初期由社區建築、板模、園藝人才所組成的「自主營造團隊」，他們則進行社區內一系列環境保育空間的改造工作。他們以最接近自然的生態工法打造桃米的景觀與環境，試著摸索出一條桃米自己的道路，例如生態池、涼亭、棧道都用當地的自然素材，如竹子、石頭、木頭、稻草等，以當地人力打造，創發在地環境景觀特色。其實震後，人們紛紛使用更多鋼筋水泥來「鞏固」周遭環境之際，桃米人反其道而行，確實引發不少人的疑慮。2001 年桃芝颱風

1   1. 教育學習是社區轉型的基石。
2   2. 解說員引領遊客認識生態之美。

過境，沖毀社區茅埔坑溪部分河段，爲了重建桃米第一座生態河道，成員們跑到深山觀察野溪，吸取靈感，從中領悟生態工法，運用在工程中。其他如橫跨小溪的「同心橋」，溼地上的蜻蜓流籠，溪畔的木造蜻蜓等，全部都是出自「自主營造團隊」的設計執行。生態資源豐碩的桃米，現已成爲中部地區小學生們的戶外生態教室，以及各地家長帶著孩子到埔里，住民宿、聽蛙鳴、賞螢火蟲、看蝴蝶的體驗空間。讓在地居民在學習後，透過知識的轉化與詮釋，創造了工作的機會，爲社區尋找到新產業、新經濟。

陪伴與培力－經驗的傳遞與擴散

改變觀念，形成社造機制分水嶺

社造是「造人」的文化運動，由改變人的「觀念」開始，透過生活主張、教育學習產生對社區的認同並參與經營付出，最後成就新的生活文化，新的社會。1987 年是個熱血沸騰的時代，結束三十八年的戒嚴時代，台灣正以蓬勃的社會運動迎接一個新的時代來臨，由 1994 年文建會推動的「社區總體營造」政策，結合了社會運動與文史工作，由下而上正累積它的能量。921 大地震加速了社造的發展，社造肩負起重建的重責。躬逢其時，我正擔任文建會主委之職，爲了協助災區社區新風貌之形塑，2002 年啓動並實施爲期二年的「921 震災重建區社區總體營造計畫執行方案」，這是一個實驗性的創舉，跳脫政府原有的繁複行政層級體制，由文建會直接尋求與民間合作，以夥伴的關係，協力推動災後社區之重建。這是社造發展史的關鍵分水嶺；之前由中央撥款經過層層地方行政層級如縣市、鄉鎮、村里到社區，除時間冗長外，經費也所剩不多，是社區單打獨鬥的時期。2002 年此方案出爐後，是由中央直接撥款社區，另直接撥款成立

「社區營造中心」，以專業知識經驗來陪伴各地社區的運作及人才培育，是進入一個專業培力的社區協力網絡的時期。這個方案機制雖是創新實驗的產物，但在當時因有專業團隊全力參與最終成為社區總體營造系統中的創新機制，不斷為政府各部門例如農業發展委員會、衛生署、勞工委員會、環境保護署、教育部所引用，影響甚鉅。

自省、傳承與擴散

在此關鍵點，文建會借重「桃米經驗」委任「新故鄉」擔任重建區第二區之「社區營造中心」之責，涵蓋南投縣草屯鎮、南投市、集集鎮、中寮鄉、魚池鄉、國姓鄉、埔里鎮七個城鎮。這七個城鎮是 921 地震的重災區，受害比例占全國 45% 之多。但「新故鄉」以紮實的組織、明確的方法、聘用優秀人才，有效的財務管理，成立「陪伴社區」的機制，以「桃米經驗」為主，積極陪伴其他社區之在地人才，在短短兩年間從事經驗的傳承與擴散，終於完成使命。其後，「新故鄉」也擔任內政部營建署「社區風貌營造計畫：生態社區示範計畫」的專管中心，並在過程中再自省、再建構。至後重建時期，「新故鄉」思索著如何結合社區、非營利組織、相關產業及有意願發展的個人，彼此互助合作，建構一套創新且具振興地方微型經濟的網絡運作模式。於是，在 2005 年提出「新故鄉見學中心」之構想，思考如何配合世界的腳步、時代的趨勢以及政府的新政策，讓桃米經驗升級，讓地方、人心之華被看見。「新故鄉」也以「社會企業」作為組織轉型

桃米自主營造團隊所製作的青蛙裝置。

的目標，期盼可以透過非典型的商業運作，開創自主財源，
支持公益事項的推動，尋找中小型非營利組織可持續性發展
之可能。

新故鄉社區見學中心和紙教堂

蛻變與轉型

不過要落實上述想法，必須有一個實體空間來體現。2005
年在轉型願景確立後，因紙教堂跨海移築再生的實務需求，
讓「新故鄉見學園區」得以建置，但也面對資金窘困，最終
在借貸九百二十萬元下，才解決資金不足的問題，創下了另

蜻亭,蜻蜓造景也是桃米社區
特色之一。

一番動人的人文風景。

紙教堂渡海之旅

1995 年 1 月 17 日,一場芮氏規模七點三的阪神·淡路大地
震,造成日本神戶市六萬七千多棟房屋全毀,四千五百多人
罹難,地震和隨即而來的大火,讓野田北部九百戶中 70%
的房屋葬身火中,轄區內的「鷹取教會」也被燒得只剩下一
尊耶穌像。當時家住東京的坂茂建築師(2014 年普立茲獎得
主)也想爲救災提供一己之力。他來到鷹取教會提出爲了讓
集結教會志工們能有理想環境,運用「紙」建材迅速興建「紙
教堂」的構想,沒想到神父婉拒了坂茂的好意,經過多次溝
通才取得神父首肯,開始建築「紙教堂」之工程。教堂外牆
是採用玻璃纖維浪板構築而成的長方形,內部則是長五公
尺、直徑三十三公分、厚度十五公釐的五十八根紙管,建構
一個可容納八十個座位的空間。這個紙教堂就在義工和社區
居民無私的付出下完工,取名爲「Paper Dome」(紙教堂)。
它是震後重建過程中擁有社區集會和教堂雙重功能之空間,

桃米社區紙教堂內部。

邱文傑建築師選擇台灣常見的 c 型鋼材作為園區新增附屬設施的主材料。

是人與人之間的橋樑，更是社區營造交朋友的好地方。該項
工程集結了九個 NPO 組織，成立「鷹取社區中心」，協助
弱勢兒童、婦女、老人、勞工並從事多元文化的翻譯、傳播
工作，它是神戶地震後社區重建重要的精神標的物。2005
年廖嘉展在參與阪神地震十週年紀念活動時得知「紙教堂」
將功成身退，新的教堂將平地而起，遂提出「紙教堂渡海移
築台灣」。

千人立柱‧再生

2008 年 1 月「新故鄉」在桃米社區舉辦了「千人立柱」活動，
來自台灣各地一千位參與活動的朋友們，齊聚新故鄉見學園

桃米社區紙教堂千人立柱的盛況。

區工程現場，儀式在樂音飄揚中拉起序幕；來自雲林崙背的貓兒干北管團以台灣傳統節慶音樂迎接未來，山丘上的義工們及一群空手道少年，開始搬遷紙管；埔里守城聚落噶哈巫平埔族的長老們以母語吟唱著，來自鷹取教會的神田裕神父代表日本，依天主教儀式，給予紙教堂及台灣深深的祝福，紙教堂完成了一趟跨國渡海之旅，也開啓另一段新的生命歷程。

Paper Dome 台灣再生的規畫與設計邀請邱文傑建築師擔綱重任。相對於坂茂建築師在建築上運用紙管的堅硬特性，邱文傑選擇台灣違章建築最常用的 c 型鋼材爲園區內新增附屬設施的主材料。他透過深厚、細膩的手法，運用大量的曲線，

把鋼的堅硬柔化，整個園區在紙的堅硬和鋼的柔軟對話中，呈現俐落和平靜的氛圍。紙教堂這棟深具紀念性的建物，橫跨了台灣和日本兩大地震災區，我認為它是世界人類遺產的標的，也展現震後兩國人民由災難中再起「永不放棄」的精神，在愛與互助中迎向未來。

再生的紙教堂延續其在日本鷹取社區扮演社區營造交朋友的平台角色，居民們深信一個優質的基層社區組織是翻轉台灣未來的基本力量。紙教堂除了固本培元外，增加新的功能與生命力，以埔里深具歷史的「紙」產業和最具象徵的生物「蝴蝶」，加上來自桃米土地經轉化的「地震經驗」及「青蛙」做為文化創意的「在地元素」。它將成為台灣全國各地社區組織相互學習的基地，生態社區理念傳播與實踐之地，更是台灣與日本兩國文化交流，甚至是全世界各國社區組織交流的平台。值此社會價值崩盤之時刻，由最小單位「社區」耕耘起的作法，也許是開創、建立下一波人類普世基本價值的基礎工作。紙教堂的再生，由兩國地震重建災區之經驗邁向創造未來，世界新價值的意義，實在令人從意想不到進而由衷感恩，不得不讚嘆、見證生命歷程中的奇蹟，也深信把握機會，以正確的觀念、遠見，實踐「危機即是轉機」之道理。

蝴蝶王國之再現

「新故鄉」從桃米生態村出發，以「紙教堂新故鄉見學園區」為基地逐步邁向社會企業的經營理想。「再現埔里蝴蝶王國計畫」，即是社會企業將利潤再次投入地域改造行動的具體實踐。

1. 桃米社區結合義工與參訪團體進行蝴蝶棲地營造，種植食草及蜜源植物。
2. 桃米社區解說員帶領學童認識蝴蝶生態。

祈福鐘。

愛與互助燈。

1	2
3	4

1. 桃米社區常見蝴蝶。
2. 白三線蝶。
3. 桃米社區常見蝴蝶。
4. 紅邊黃小灰蝶。

<table>
<tr><td>1</td></tr>
<tr><td>2</td></tr>
</table>

1
2

1. 紅肩粉蝶。
2. 黑端豹斑蝶。

蝴蝶的故鄉：埔里鎮

桃米社區蝴蝶裝置藝術。

埔里位居台灣的中心地帶，群山環繞，生態豐富，孕育了種類及數量豐富的蝴蝶資源。台灣的蝴蝶種類共有四百一十八種，埔里就已發現二百二十種。1960 年代埔里一年外銷蝴蝶高達二千萬隻，來自各地的蝴蝶以埔里作為集散地、加工地，讓老一輩的埔里人對蝴蝶充滿回憶，埔里因而博得「蝴蝶鎮」的美名。但也因長期濫捕淪為做標本，甚至以彩蝶貼畫的行徑，被環保團體冠上「殺蝶、取蝶」的罵名。

由殺蝶、取蝶到愛蝶、護蝶

2010 年一群關心埔里未來的有志之士，經思考、討論促成推動「埔里生態鎮」的想法，結合生態保育與生態產業的發展為埔里找到未來發展新希望，洗刷罵名，爭取「愛蝶、護蝶」的美譽，再現蝴蝶王國的風采。

延續「桃米經驗」的精神，首先進行資源調查工作，並由教育學習切入，已培養出一群相當優秀的蝴蝶生態解說員，規畫賞蝶路線，啟動蝴蝶輕旅行，透過特色文化生態見學，營造大埔里的內涵及形象，創造新的綠色產業。目前已啟動在大埔里地區四個鄉鎮國小蝴蝶生態教育環境的推廣工作，並在社區公共空間、賞蝶步道、學校幫蝴蝶造窩外，參與式的蝴蝶棲地營造已累積三十三點，透過自力營造、義工互助、勞動假期、企業參與等活動，每年種下超過一萬株之蝴蝶蜜源及食草植物，為埔里生態城鎮的營造跨出堅實的一步。而

經由各級學校、社區、產業、社團、政府部門行政人員及民代等的陸續加入，使得跨域協力的氛圍逐漸形成。2013 年台灣第一支由鄉鎮居民自發支持的交響樂團「埔里 Butterfly 交響樂團」誕生了，它開啓生活與藝術結合的濫觴，未來如何以蝴蝶的元素爲基礎及創作核心，轉化創造出不同形式的藝術品，並從中再擇選可供應用的藝術品將其產業化，讓城鎮的轉型有紮實的經濟基礎，以實踐「社會企業」的理念。

桃米傳奇：實踐社會企業理想

一個老舊沒落的社區，在地震危機中創造了奇蹟，與世界同步發展生態保育的基石，結合生態環境的營造，綠色經濟產業的發展，創造一個可以學習的「桃米傳奇」。值此世風日下，資本主義無限上綱之際，生態環境遇到浩劫，人人唯利是圖，人文道德墮落，文化環境遭殃，極端氣候威脅到人類的生存權，人類何去何從正挑戰這個世界。

「桃米經驗」由最小的社區行政單位改革做起，它的草根力量也許正是改變世界的起點，就如同人的健康要擁有健康的細胞是同樣的道理，優質的社區絕對是翻轉社會的動力。由桃米、紙教堂見學園區到蝴蝶鏈的構想，是因一步一腳印的執行才得以實現理想，這種一方面培訓外部的執行能力，另一方面培育內在的能量累積，充分體現台灣人民具優質 DNA 的特質，而「新故鄉」藉由實踐將它激發出來。

「桃米經驗」經過十多年的努力現正進行下一波的挑戰─社會企業理想之實踐。我們拭目以待這個不斷前進，以人民集體生活與生命累積的「台灣品牌」即將以社區之成就、社區之美躍上國際，爲台灣在世界發聲。

桃米社區茅圃坑濕地公園。

桃米民宿一景。

創造性校園運動的推動是重建史的一個重要里程碑，圖為埔里鎮南光國小。

桃米社區紙教堂園區。

桃米社區紙教堂園區一景。

Chapter4

文化服務

如果說，台灣最美的風景是人，那麼最讓人印象深刻的台灣文化，也絕對是來自人與人之間的互動與交流。讓國際驚豔的 2009 高雄世運會，結合了超過五千名藝術工作者與全體高雄市民的「心能量」，大家齊心戮力地把最美、最真實的台灣文化呈現給世界。藝術文化不再只是遙遠而抽象的名詞，而是一個時時刻刻都在製造驚喜的動詞。

文化服務

用「心」打造的國際「台灣品牌」
2009 高雄世運會

台灣難得的機會與驕傲

2009 高雄世運會從一路不被國人重視，到賽事期間備受各方矚目，最終獲得讚譽為史上最成功「the best World Games ever」風光落幕，到底是怎麼做到的？只要問問參與過的人，哪怕只是觀賽民眾，都會指出一個共同的答案，那就是「心的力量」。

沒錯，因為從高雄市政府、賽事執行團隊、開閉幕式表演團隊、全體市民，每個人都以高度的榮譽感面對這次國際體育盛會，對於這個「第一次」，雖然務求「只許成功，不能失敗」，卻不知道要設立到什麼樣的標準才叫作「圓滿成功」。於是乎，大家只能不斷地用心再用心、付出再付出、努力再努力，最後竟然魔術般出奇地叫好又叫座。

美好的一仗已經打過，珍貴的經驗應該被記錄下來，雖然在龐大複雜的世運會籌辦體系中，我僅負責開閉幕式藝術總監

建築大師伊東豐雄設計的 2009 高雄世運會主場館，開口環抱式建築，敘說世運友誼無國界的精神。

之工作，然而所聽、所看、所感，何止這些。

1971 年退出聯合國以後，台灣外交處境日益艱困，台北市及高雄市曾經數度爭取申辦過好幾項國際運動賽事，都因為外交形勢不利、體育實力及設施不符國際標準等因素鎩羽而歸。「2009 高雄世運會」不但是幾十年來台灣第一次取得主辦權的國際大型體育賽事，更是台灣史上最大規模的運動嘉年華。

四年一度的世界運動會，以各種最熱門、最受歡迎、最壯觀的高水準運動競賽項目為主軸，和奧運會一樣，都在追求「更快、更高、更強」的目標。主其事的國際世界運動總

會（IWGA），是國際奧林匹克委員會（IOC）轄下組織。由 IWGA 監督指導所舉辦的世運會，明確接受並支持「奧林匹克憲章」精神，也就是相互了解、加強友誼、團結合作、公平競爭。在 IWGA 委任下，由申辦成功的主辦城市、該國之奧林匹克委員會及該地方政府共同成立組織委員會，負責執行。要爭取世運會主辦權，不但要與國際間其他城市競爭，更必須獲得 IWGA 的認同與肯定。

2002 年 7 月，我國行政院體委會首次邀請 IWGA 會長朗‧弗契（Ron Froehlich）訪問台灣，針對申辦 2009 世運會進行初步評估。2003 年 4 月，體委會請中華奧會向當時高雄市長謝長廷做簡報、探詢可行性；同年 5 月，體委會確定由高雄市代表我國向 IWGA 提出申辦，與荷蘭、匈牙利、美國等其他四個城市競逐第八屆主辦權，隨後積極展開遊說，爭取 IWGA 執委會青睞。

2004 年 6 月 14 日，謝長廷市長與朗‧弗契先生簽訂 2009 世運會主辦書，接著 2005 年夏天，時任代理市長陳其邁於德國杜伊斯堡（Duisburg）第七屆世運會閉幕式中，正式接下主辦權。這是台灣第一次申辦成功的國際大型綜合性體育賽事。

由於世界頂尖好手都會在這個競技平台大展鋒芒，高雄市將成為吸引全世界目光的焦點，卯足了勁，積極爭取贏得世運

會主辦權,就此拉開一個城市躍進奮起、進步蛻變的序幕。對台灣人來說,除了舉辦一次成功的盛大活動,讓世界走進台灣,還渴望藉著躬逢其盛的大好機會,形塑國家品牌、分享在地文化,讓台灣走進國際地球村。

高雄世運會組織委員會(KOC)一開始便揭示遵守並發揚「奧林匹克憲章」精神的普世價值,對於所有賽事場地標準和遊戲規則,無不依照 IWGA 的規範認真的落實,使得各項軟、硬體工程達到盡善盡美。透過 IWGA 與 KOC 每年舉辦的三到四次會議,一方面 IWGA 提供了相關作業的經驗並擔任督導角色,一方面也讓雙方更有默契,而共同的核心理念是:雖然不是奧林匹克運動會,世運會照樣擁有國際級的競技舞台。這段期間,至少有六十幾個國家直接將 KOC 網站所轉譯的內容下載,取得最新、最豐富的一手資料。

努力形塑一流之賽事環境

一直以來,世運會競賽項目大約有三十五項,IWGA 從 2003 年開始,就以「THE WORLD GAMES:30+ SPORTS A+ THEIR BEST」為口號,運動競技分為六大類,包括藝術與舞蹈、精準、球類、時尚、肌力、技擊等。第一屆世運會於 1981 年在美國聖塔克拉拉舉行,接下來的六屆分別在英國倫敦、德國卡里斯魯、荷蘭海牙、芬蘭拉提、日本秋田、德國杜伊斯堡展開。

經過長達七年醞釀、準備與行動,高雄世運會終於在 2009 年 7 月 16 日隆重登場。透過一百家以上國際媒體、五百人以上國內新聞工作者,以及公共電視和 ESPN 體育台傳播報導,總共為期十一天、分別在高雄市二十四個場館同時進行的精彩內容,都即時分享給國內外觀眾。

隨著令人驚豔的開幕式和賽事熱度持續加溫，絡繹前往的南台灣以外民眾愈來愈多。許多在世運期間從中部、北部搭高鐵到高雄的民眾，無不為眼前所見，高雄都會所展現的全新風貌而豎起大拇指。

高雄市是台灣第二大城市，人口超過一百五十萬人。身為台灣第一大商港，見證著台灣經濟發展每一步努力的軌跡與成就，然而長年作為貨運樞紐和重工業基地的城市本質，高雄市卻必須付出籠罩在灰濛濛空污之下的代價。為了迎接世運，高雄市政府在前後四任市長接棒帶領下，展現令人嘆服的魄力，藉著興建許多國際水準的硬體公共設施、改善大眾交通網絡、規畫活潑多元的公共藝術，不但為這個主辦城市提供舒適的迎賓環境，更讓整個高雄變得處處有綠意，由過去的「灰色」變成現在的「綠色」，成為一座充滿有機感的新美學城市。

除了最具指標性的主場館之外，高雄市政府也將其他二十三處賽事場地如高雄巨蛋、陽明溜冰場、蓮池潭、快樂保齡球館、國際游泳池、中正運動場、澄清湖、西子灣海水浴場、好幾所大學的體育館等，依照國際規格升級，成為國際賽事的標準場地。例如平日市民遊賞休憩的蓮池潭，原有的風景優美不在話下，

高雄捷運美麗島站內公共藝術－《光之穹頂》。

為了世運，大刀闊斧將偌大面積的所有潭水抽乾，挖出所有淤泥，再將處理乾淨的潭水放入，於是無論龍舟、輕艇水球、滑水等賽事，都提供了令人驕傲的一流場地。

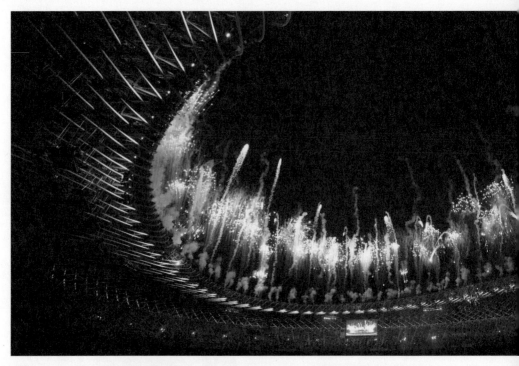

2009 高雄世運會開幕煙火主題為《飛簷雕鐲，追波逐浪》，以高雄海洋的意象為主軸，搭配著本土作曲家錢南章老師製作的音樂《馬蘭姑娘》，並使用台灣首見的環跑式煙火，於高達 12 層樓高的主場館屋頂上以及附近的左訓中心施放。

專業場地搭配幾經模擬而臻完美的正式賽事流程，再加上優秀選手令人期待的表現，讓各個競技場所一票難求。熱情的觀眾搖旗吶喊，不僅為台灣健兒加油，也為外國選手喝采，甚至像粉絲般的互動起來，爭相握手、忘情尖叫，讓許多得牌選手成了眾人偶像，更讓各個單項體育的國際總會領導人大呼難忘。

充滿台灣意涵的開閉幕式

IWGA 會長朗‧弗契曾經提醒 KOC，按照往例經驗，開幕式成功，整個世運會就成功了 80%，其攸關成敗，可見一斑。

2009 高雄世運會閉幕典禮結合煙火、影像、音樂、舞台表演等豐富元素的互動演出，打造出一場熱力不斷的音樂嘉年華盛會。

從 2007 年 10 月接下開閉幕藝術總監的任務後，我就不斷與 KOC 市府團隊開會，大家一開始就以「國際性與在地性」為表演節目定調。希望把台灣多元豐富的生態之美與族群文化作為發想基礎，經過一年討論修正，將開閉幕式分別以台灣文化歷史、高雄城市發展為規畫主軸，白紙黑字寫在招標文件上。2008 年 8 月經由公開招標評選出安益團隊負責執行工作後，才發現從設計規畫到真正呈現，必須克服許多客觀限制，包括經費、場地、演出技術與方式。

如今想來，高雄世運開閉幕式礙於經費實在太有限，請不起昂貴的國內外團隊或表演者參與演出，又基於企圖說台灣的故事，因此反倒激發大家另闢新徑。為呈現台灣及高雄的意

1. 2009 高雄世運會主場館公共藝術《和平溝通的世界》出自以色列籍設計師亞科夫亞剛之手,九支柱體的多空間感,讓置身其中者有很不一樣感受,象徵融合。

2. 2009 高雄世運會主場館公共藝術《LET's GO》出自德籍設計師膺格斯伊第之手,用紅色石頭傳達介於球體及運動鞋混合體的意象,象徵活力與躍動。

1
─
2

象主題，從零開始，鋪陳出完整的表演創作架構，區隔出開閉幕不同的氛圍，前者華麗有大器，後者歡樂而時尚。接著進行分場串聯、設計腳本、創作音樂、表演編劇、舞台視覺，及服裝和燈光設計。凡是邀請來的團隊，必須根據這樣的故事主軸編舞、設計演出形式與內容，也慶幸高雄世運開閉幕典禮統籌執行單位安益國際展覽集團始終懷抱著使命感，全力配合節目的調整，並以德國式的嚴謹管理確保活動能圓滿執行。

整個過程，絲毫不見花大錢請人來表演的節目，而是利用國際盛會的能見度，讓世運會開閉幕發揮磁石般的力量，集合台灣不計較酬勞的將近五千位藝術工作者，大家建立起革命情感，付出創作心血。於是，以南台灣數十所學校、職業與非職業藝術團體為主的演出團隊，聯手和以台北為主的製作團隊，共同為台灣創作出史無前例的表演藝術大秀。

其中有錢南章、鍾耀光、荒山亮、櫻井弘二、史擷詠等音樂家特別為開閉幕主秀中每個段落創作的音樂。這些令人動容的旋律與節奏，成為無形的導演，帶著節目起承轉合，讓觀眾進入整個故事情境，跟著緬懷、追想、興奮、躍動、歡呼；而視覺藝術與數位技術緊密結合，更為精采演出帶來意想不到的加分效果。

創作理念：以鑽石台灣為主之腳本設計

國際上所有大型運動賽事，不是只有體育競技的觀摩和較勁，也是主辦城市或國家展現文化魅力、樹立形象的重要場域。高雄世運會有來自九十幾個國家，將近五千名選手及隨隊人員，以及一百家以上的國際媒體聚焦此地，因此開閉幕式的節目規畫，顯得更為重要。

背倚著壯麗玉山、面向蔚藍海洋的台灣，是一個擁抱山海文化的國家。我們在環繞海島四周的海洋引領下，讓台灣與世界接軌，發展出無限的可能性。因此在擁抱世界、讓世界走進台灣的時刻，重點在於呈現台灣特色、世界公民的價值以及運動精神，因此透過開閉幕典禮所結合「力與美」的盛大饗宴，一定要充分體驗台灣的文化光采與高雄的城市魅力。所以決定以鑽石台灣之內容為基本核心來創作文本，也就是以「原鄉時尚」的精神作為核心思考，強調國際性與在地性的雙重對話，呈現出台灣傳統與現代、科技與藝術、跨界跨領域的新創意。7 月 16 日開幕式與 26 日閉幕式，所有觀眾看到世界級的高雄世運會主場館宛如一座超大型劇場，上演著「台灣意象」與「高雄意象」的主題秀。

製作執行團隊在被賦予展現台灣情感與文化論述、行銷高雄與世運精神的重任後，著手由累積的各種資料中進行研讀與消化，找出創意元素，逐漸咀嚼出最精華、最有代表性的點、線、面，構築出歷史主軸所貫穿的腳本大綱。同時，也在安益德國總公司創意總監 Tobias Stupeler（曾任德國杜伊斯堡世運會創意總監）協助下，觀摩 2005 年之開閉幕節目實況影帶，了解別人怎麼做、我們可以如何超越，借鏡別人的經驗透過地理環境與人文特質，彰顯主辦城市的印記與榮光。

2008 年冬天，高雄世運開閉幕式分段綱要大致成型，四十五分鐘的開幕式主秀分為三個段落：充滿台灣生命初始及原住民文化氣息的「福爾摩沙」、展現台灣漢族庶民敬天愛人情懷的「萬民祈福」，以及分享台灣成就和高雄風情的「活力台灣」，帶給所有運動選手隆重而華麗的「台灣初體驗」。作為大會曲終人散前的壓軸，閉幕式在主秀節目規畫上，以跨界、數位、當代流行為手法，分為「光影高雄」「懷舊高雄」「時尚高雄」三個段落，絢麗的聲光、幸福歡樂的訴求，

營造出眾家好手賦歸前「四海一家皆兄弟」的感動與懷念。

音樂為先，表演隨創

表演內涵及段落之腳本設計一經決定後，音樂創作成為接續之首要工作。在開幕式邀請櫻井弘二擔任整場音樂總監與迎賓、對唱製作人，三大主秀段落則分別由錢南章、鍾耀光、櫻井弘二等三位作曲家擔綱負責，根據製作執行團隊所需求的音樂主題、抽象概念、時間長度，大約以短短四個月的時間完成，期間寫好了又改、改了再修，經過無數次琢磨，終於 2008 年 12 月底確定完成。

2009 年 1 月，隨著學校陸續放寒假，接下來的錄音工作積極展開，例如北藝大音樂系管絃樂團、高師大合唱團、陸軍官校合唱團等，分別訓練演奏、合唱、甚至模仿原住民韻味的口技，再集合起來進行總練習，最後將完成的錄音交給表演團體做後續編舞、編劇等工作。

首先介紹歷時一小時之迎賓秀，此秀之挑戰是在觀眾陸續進場後能否抓住與會者之情緒為重要考量，所以以電子舞曲風之音樂展現緊湊與熱鬧，搭配宋江陣和樂儀旗隊尬場和野台開唱，帶動數萬名觀眾一起 High，讓會場打成一片。接著奏出之序曲，選擇貝多芬第九號交響樂曲中的《快樂頌》，這五分鐘音樂的起承轉合，搭配台灣與德國小朋友又唱又跳的歌舞劇音樂，起伏迭宕，活潑跳躍。

這當中由錢南章負責的「**福爾摩沙**」段落，以渾厚的音樂感，一開始就帶來原始乍現、生命如潮水般一波波湧動的聽覺震撼，以及萬物欣欣向榮、恣意飛舞的悠揚。在原住民祭典部分，他運用大量的打擊與口技，莊嚴中流露著告慰神靈後的

1
——
2

1. 世運開幕－福爾摩沙，蘭嶼拼板舟重現達悟族大船下水祭，來自朗島部落的勇士以握拳憤怒的嘶吼聲緩緩將拼板舟推入海中。

2. 世運開幕－萬民祈福，霹靂布袋戲由二十五名一線操偶師帶領兩百名學生操偶，象徵傳承。 舞台中央有兩組霹靂台車攻防對戰，由素還真及棄天帝帶領正邪兩派，展開終極之爭，聲光效果十足。

1. 世運開幕－活力高雄，鋼鐵之都由六個社區媽媽及學生組成的舞團跳起韻律舞與街舞，六個舞團各自簇擁一座油塔，展現現代高雄的城市魅力。

2. 世運開幕－活力高雄，鋼鐵柱化身為風帆，油塔在冒火後化身成悠遊於高雄愛河上美麗風帆，象徵著高雄由早期的工業城市蛻變為今日美麗的活水宜居城市。

世運開幕－萬民祈福，在報馬仔排砲聲中，騎摩托車、戴墨鏡、揮動閃閃發亮手套的電音三太子，從四面八方湧入。

歡愉。特別的是，他刻意排除任何一個原住民族的歌詠發聲，而是將原住民的音律特色加以音樂化、藝術化，因此煞費心思的由許多原住民音樂中找到靈感或素材，創作組合成全新的當代音樂。

鍾耀光負責的「萬民祈福」段落，把錢南章律動的大器風格，帶進普天同慶、人神同歡的喧鬧高潮，北管音樂中最重要鑼鼓、嗩吶，不時出現，伴隨著七顏六色、穿梭跑動的表演陣仗，將聽覺提升到最拔尖的情境，同時讓音樂也潑灑出絢麗激越的顏色和強烈的感官刺激。

櫻井弘二負責的「活力台灣」段落，則將鍾耀光處心經營的高昂不已的音樂往下沉澱、輕靈、安靜，搭配虛擬舞台中一頁頁翻過的世界地圖、亞洲地圖、台灣高雄地圖，帶來如沉思般的滌盪效果；音樂中弦樂與鋼琴的柔美線條，巧妙襯托出以林義傑象徵台灣精神的意境與感動，以及自行車騎士 LED 頭帽燈的理性科技感。最後十分鐘的音樂，以鮮明的電子音樂、現代打擊節奏擺脫抒情，回歸熱鬧與活力。

最後跨界對唱部分，櫻井弘二邀請來自南半球紐西蘭之海莉（Hayley Westenra）、來自北半球的平民男高音羅素・華生（Russell Watson）、台灣著名嗓音低沉的實力派唱將黃小琥與音域超廣素有「鋼嗓」之稱的信，四位國內外知名音樂明星，由合唱團、交響樂團伴奏，共同演出。曲目選擇則以國內外名曲、民謠、民歌為主，其中海莉與信對唱《月亮代表我的心》時所表現的精準唱詞與天籟組合，讓所有在場

觀眾如癡如醉。

閉幕式主秀音樂及全場音樂製作由史擷詠全程擔綱。他將音樂視爲節目的幕後導演，雖然搭配表演成爲好幾個段落，卻是完整的創作，無法切割。音樂性質以歡樂愉悅爲訴求，講求跨界、時尚感，因此在序曲部分，出現電玩音樂風格的史詩效果，張力大，一開場即帶來聽覺震撼；接著有藝術意味濃厚的古典音樂風、懷舊文化的台灣民謠風、融合拉丁和南島調性的民族風，以及年輕當代的街舞風、台客搖滾風、電子打擊風，都一一出現在不同表演段落。

在音樂根據設定之文本，創作出作品後，所有的戲劇、舞蹈、視覺藝術各項目包括服裝、布景、燈光等，都依文本及音樂完成兩套精準的表演節目。音樂是時間的藝術，段落分明，節奏清晰，時間精確，以此爲據，參與的藝術家、創作家、工藝師等都能明確掌握時間長短，在多次討論再討論、修正再修正，互相腦力激盪下，共創獨具鑽石台灣風格又擁有國際超標品質的開閉幕式。

視覺影像與服裝造型

除了開幕式委由藝術家李明道（Akibo）爲四千三百七十四平方公尺的虛擬舞台找出最適當的巨型投影圖像，當作表演地板背景，閉幕式則在影像視覺總導演葉百林的專業掌握下，帶領民視公司視創影音團隊十多位夥伴，在短短兩個月裡，日以繼夜爲主舞台後方的 LED 大螢幕製作出四十五分鐘的多媒體影像。

以 HD 高畫質製作的畫面，透過動畫師的技藝與巧思，讓實拍照片經過複雜的去背取圖與修飾後，再鑲嵌到全新創作的

1. 3D 動畫使海洋生物栩栩如生。 2-4. 藝術家李明道 Akibo 設計的巨型投影圖像－原住民圖騰、洪通底圖、街舞底圖。

背景上。這些照片都是從運動選手、賽事情景、高雄市民、表演舞者、高雄古今市容與生活、台灣多元文化等大約八千張特別蒐集或拍攝檔案中精選出來的。另外也有利用 2D 技術製作的精緻圖案，例如蝴蝶、油紙傘、木棉花，以及將照片轉為剪紙效果的龍虎塔、大林煉油廠、風車公園、大船入港、85 大樓等高雄地標，還有所有參賽國家的國旗萬花筒。

最令人激賞的，莫過於 3D 效果的海洋生物景觀，例如「光影高雄」段落中「海之聲」節目，無論是悠游在深藍海洋的鯨魚、周圍伴隨的小小魚群、粼粼波光與透明水影，都是真實生動，與實際拍攝影像無分軒輊；這些經由細心繪製和電

腦處理的動畫，最高一秒走過三十個定格，一個定格往往需要一分鐘來進行電腦運算。

又如在「時尚高雄」段落強調港都意象時，特別配合創作音樂而將畫面經營得無比空靈而華麗，透過一顆晶瑩剔透的珍珠當「游標」，觀眾看到的熱帶海洋生物如水母、珊瑚、海葵，栩栩如生；最後由潛水艇滿載著選手與觀眾浮出水面，上岸來到高雄市與全民同歡共舞。

服裝造型的創意設計，同樣散發出強烈的藝術感。林璟如為開幕式表演者設計的服裝，分別以藍色水滴精靈象徵海洋生命力、原住民圖騰蝴蝶象徵大自然衍生繁茂、豔麗寺廟飛簷象徵庶民信仰、白色巴洛克紋飾象徵浪漫幸福、客家花布點綴 polo 衫象徵打拚與活力。鄭月鯉為閉幕式表演者設計的服裝則以高雄意象為訴求，例如縫上 LED 小燈誇大光影效果，舞動水袖展現淙淙洋流；呂耀宗為跳踢踏的兒童設計活潑可愛的蝶魚裝，以及「懷舊高雄」段落中的木棉花與牽牛花舞衣。

壓軸的「海洋嘉年華」最大視覺爆點，莫過於四十位代表海洋生物的模特兒彩妝造型。這些來自台南科技大學美容造型設計系、服裝設計系師生之手，一個個宛如海中女神，光炫亮麗、靈氣逼人；身穿海星裝、水母裝的上百位大小舞者，最後一起加入舞台的海洋大家族，以及地板舞台區的數百名街舞群，共同帶動曲終人散最深刻的歡樂印記。

開幕表演

開幕式將整座主場館當作一個偉大的表演劇場，約九個標準藍球場之大，擔任節目導演的李小平與視覺統籌的曲德益以

1
—
2

1. 世運開幕主秀－福爾摩沙，在澎湖的海浪潮聲中拉開序幕，由數百位身穿藍色服飾，頭戴水滴狀象徵海洋的舞者舞動著手中的水球翩然入場。舞著以丟、拋、擲、接等方式，表現出海洋的意象。象徵大地之母的南台灣舞蹈國寶李彩娥隨著海浪聲音與上百顆此起彼落的小水滴翩然舞動，象徵台灣文化起源與海洋的密不可分。

2. 世運開幕主秀－福爾摩沙，泰雅族手部刺青符碼之巨型投影。

1. 世運開幕主秀－福爾摩沙，數百名阿美族男女族人以傳統的豐年祭歌舞炒熱場內氣氛，同時地上巨幅投影出現原住民傳統服飾紋飾，原住民悠揚的歌聲和渾厚的舞步為世人展現台灣遠古豐富的文化風情。

2. 世運開幕巨型投影－萬民祈福，以廟會為底，象徵萬民安康，結合科技聲光並運用 LED 譜出炫目光彩，詮譯台灣傳統民俗特色，在七爺、八爺、順風耳、千里眼的引領，八家將、宋江陣的簇擁下，媽祖神轎莊嚴出巡，華蓋則在神將間穿梭旋轉，展現另類迎神廟會。

世運開幕巨型投影－世界之眼、匯聚高雄，以台灣素人畫家洪通的圖案為襯底打出巨大投影秀出「Welcome to Kaohsiung」迎接所有運動員進場。

巨幅投影打造出全場式的聲光舞台。第一段「福爾摩沙」在澎湖的海浪潮聲中拉開序幕，彷彿大自然喚醒著島國的生命；象徵大地之母的南台灣舞蹈國寶李彩娥，隨著海浪聲音，與上百顆此起彼落的小水滴翩然舞動；繪製著原住民圖騰的巨型風箏盤旋在空中，原住民長老率領族人引領著蘭嶼拼板舟隊伍進場，悠揚的歌聲和渾厚的舞步，展現台灣最遠古豐富的文化風情。

第二段「萬民祈福」在七爺、八爺、順風耳、千里眼的引領，八家將、宋江陣的簇擁下，媽祖神轎莊嚴出巡，而討論過程中備受青睞的蜈蚣陣、歌仔戲、舞龍舞獅等都被迫割捨，討喜又具台灣特色的「電音三太子」雀屏中選上陣。在導演李小平眼中，民間的「三太子」早已跳脫傳統與時俱進，增強演出時的感官效果，不但讓三十名「三太子」騎摩托車表現速度，更在每人的手指上戴上 LED 戒環。酷炫又討喜的「三太子」由執行總策畫陳錦誠親自督軍左營高中體育班排練，而非直接邀演廟會團隊，令人耳目一新，成為全場注目焦點，世運會結束後，依然維持高人氣，被視為台灣潮文化的象徵之一。接著台灣文創產業代表「霹靂布袋戲」以空前盛大的陣仗現身會場，十輛布袋戲的偶戲台車和二百多位操偶師，配合現場演唱與口白，在聲光效果中上演兩軍對戰戲碼。

第三段「世界之眼、匯聚高雄」中，當國際超馬選手林義傑帶領捷安特自行車隊進場時，原來的海洋影像隨著車隊繞行流動，就像經過電腦滑鼠按鍵般，翻動著一頁頁巨大的視窗，依序出現經緯格子狀世界地圖、亞洲地圖、台灣地圖，最後聚焦到高雄世運會主場館。在穿梭時空、縱橫天地之後，大家來到「鋼鐵之都‧光之城市」，只見一座座海上煉油廠基地圖像中豎立的鋼鐵高柱上，特技人員邊演邊往上

世運開幕－福爾摩沙，奇美部落舞蹈舞出台灣多元文化之風情。

爬，最後拉出巨幅三角形白布，像是數艘風帆航行於蔚藍海上，散發著濃郁的海洋氣息。

當直排輪舞者如銀河般閃亮的滑入場館後，黃小琥現身舞台引吭高歌，所有舞者把手機打開，全場如繁星點點。他們把手中的五彩大氣球刺破，將近萬顆小氣球立刻飛上天去，全場驚呼叫好，地上則以台灣重要素人畫家洪通的圖案為襯底打出巨大投影，大大的秀出「Welcome to Kaohsiung」，迎接所有運動員進場。而在主辦單位致詞、運動員完成宣誓後，為了凸顯世運的全球性與台灣的在地化，安排了「跨界對唱」的精采表演，而長達三點五小時激情的夜晚，最後在改編自錢南章《馬蘭姑娘》組曲的宏偉壯闊合唱交響曲樂聲中結束。

閉幕表演

閉幕式在經過十天精彩又激烈的體育競技後登場。首先以六十分鐘的迎賓樂舞拉開序幕，由兩百位青春洋溢的街舞舞者及動感十足的節奏鼓手炒熱現場氣氛。在熱力延燒氛圍中，台灣著名樂團「新寶島康樂隊」及超人氣主唱陳昇躍登舞台，開始撼動流行音樂新狂潮。接著是四十五分鐘的主秀，「序曲」部分由充滿未來感的聲光開始，配合螢幕上的海洋動畫特效、舞台爆破及煙火效果，整個場館彷彿化為碧藍深海，給觀眾帶來第一個科技新視野的驚豔感受。緊接著登場的「光影高雄」，包括天籟般的合唱與來自多媒體大螢幕上大鯨魚相互唱和的「鯨魚飛」組曲、曼妙芭蕾舞者與經典水袖表演的群舞、化身為可愛小蝶魚的輕快踢踏、直笛演奏家郭星妤吹奏炫技樂曲。

接續的「懷舊高雄」，由大提琴演奏家呂超倫和巴洛克獨奏

家樂團演奏由台灣民謠「桃花過渡」「天黑黑」改編的音樂組曲。此刻舞台螢幕出現高雄各地的昔日影像與古蹟、今日城市風貌、迎接世運會籌辦過程的剪影，專業舞者化身為台灣處處可見的牽牛花與木棉花（代表高雄），與悠揚的音樂交織成美麗動人的畫面。

最後的「**時尚高雄**」部分，無伴奏爵士人聲合唱團以人聲模仿器樂，令觀眾大飽耳福。接著，象徵大船入港的船鳴汽笛聲響起，音樂開始進入嘻哈風格，大螢幕上同步播放舞者們事先在高雄各個碼頭、貨櫃、工廠熱情勁舞的澎湃影像，迎賓秀中的街舞和鼓樂團隊再次登場，加入所有表演舞者，大家從舞台上延伸到舞台下，充滿節奏與律動之美；四十位模特兒以光鮮亮麗的彩妝造型，搭配著台灣海洋生物的光影創意圖型，一一走秀，揮灑出海洋嘉年華歡樂的氛圍。此時，三個大螢幕同步播放著賽事期間選手們汗水與淚水、勝利與榮耀、競爭與友誼的影像畫面，以及熱忱辛勤的活動志工們在各個場所努力付出的身影。

在貴賓致詞，會旗交接給下一屆2013年主辦城市後，「台客搖滾」魅力發威。台灣搖滾天王伍佰爆發力十足，帶來一連串熱力四射的演出，經典帶動唱歌曲《你是我的花朵》在這次登上國際舞台，讓全場既興奮又動感。就在十點鐘前，陳菊市長以渾厚亮朗的嗓音宣布：「2009年高雄世運會圓滿閉幕！」數不清的繽紛花朵霎

世運閉幕－伍佰的台客搖滾發力十足，一連串熱力四射的演出讓全場動感起來。

時在空中飛舞，氣勢磅礡的交響曲伴隨美麗燦爛的煙火秀，為長達十一天的世運會活動畫下完美句點。

1

2

1. 世運閉幕－舞者舞動水袖呈現海洋意象。
2. 世運閉幕－時尚高雄，所有表演者從舞台上延伸到舞台下，以光鮮亮麗的彩妝造型，搭配著台灣海洋生物的光影創意圖型
－－走秀，揮灑出海洋嘉年華歡樂的氛圍。

世運閉幕－舞者化身為高雄市花木棉花與悠揚的音樂交織成美麗動人的畫面。

高雄世運氣勢磅礡、燦爛的煙火秀，為長達十一天的活動畫下完美的句點。

市民盡心盡力，全民總動員

熱情迎接 2009 世運會的，還有高雄市所有國小、國中、高中職學校。世運會上來自上百個國家的參賽隊伍，是讓年輕一代與國際接軌對話的好時機，因此每個學校以認養一個國家的方式，兩年前即開始蒐集該國簡介、地理環境、人文歷史、風俗藝術，不但在校園裡建置了符合認養國家的氣氛和情境，還納入七大教學領域，特別設計成地理、歷史、美術、音樂、體育、語文等教學課程，編寫教材與學習單。

例如認養哈薩克的後勁國小，校園裡有一座如假包換的氈包，情境教室裡有介紹哈薩克的大壁報，小朋友用不織布做傳統服裝，在運動會中穿著進場；另外還用紙黏土做傳統食物，聘請馬術老師教導騎馬。賽事期間正逢暑假，師生組成啦啦隊，前往每一個哈薩克參賽的會場，用簡單的哈薩克語為選手加油，讓哈薩克團隊既驚喜又感動。

世運閉幕－舞者化身牽牛花翩翩起舞。

地利與人和之外，許多人相信連老天都在幫忙。在七月份舉辦戶外活動，最怕下雨，尤其擔心颱風將多年努力的心血化為烏有，於是，每個人都懇切向上天祈求，希望庇祐「天時」也能圓滿。主場館辦公室入口，一直掛著寫了日文字的晴天娃娃；陳菊市長發願吃素直到世運閉幕；高雄市六大宗教團體於開幕日前一天共同以莊嚴儀式祈福；安益總策畫涂建國帶領製作團隊在主場館虔心設案祭拜。開幕式當天下午將近四時開始的傾盆大雨，閉幕式上午十點多雨勢太大讓七人制橄欖球賽暫停，都讓大夥的心靈飽受折磨，沒想到竟是上天仁慈的安排，讓節目正式開始時不但滴雨不下，還暑氣全消。

全體高雄市民也如同家裡辦喜事一樣，用具體行動投身其中。無論各場館賽事行政、各國隊伍接待、交通據點引導、隨行助理翻譯、下榻旅館餐廳事務，都有訓練有素、態度親切的志工協助。這群大約六千位國民外交尖兵，有退休人員、大專青年、向公司請假的上班族，更有人自掏腰包由其他縣市前往受訓及服務。另外，各大旅館餐廳、觀光景點、百貨公司的服務人員，甚至計程車司機，每個人都有強烈的切身感，不但談世運，還學英語。而由中央、地方政府的合作過程中，看見大家的努力，賽事進行的幾天，全國民眾蜂擁至高雄觀看盛事或接待國際友人，可謂空前的總動員。

台灣品牌：全民用心打造的 2009 高雄世運會

從奧運會、世界博覽會、歐洲文化首都活動，我們都看到一種神奇的作用。它能讓在地民眾改變視野，用自信和熱情打造美麗家園、擁抱到訪賓客；它能讓一個城市發揮高度動能，整合各種資源創造最大效益，大大的進步與蛻變；它能讓一個城市或國家在短時間裡變成展現文化魅力的大舞台，成為世界多國交流的繽紛之地。2009 高雄世運會，為我們見證這一切。

台灣是一個擁抱山海文化的國家，我們隨著海洋引領，張開雙臂擁抱世界，也讓世界走進台灣。「有朋自遠方來，不亦樂乎」，誠懇好客的台灣民眾、親切熱情的高雄市民，成功地的以愉快而自信的心情，迎接遠道而來的客人，讓大家透過一場結合「力與美」的盛大饗宴，充分體驗了台灣的文化光采與高雄的城市魅力，向世界展現了精采的台灣品牌。

2012 粉樂町參展作品：基礎創意 My Hero My Legend。

粉樂町 | 從小地方啓動的城市美學

傳遞快樂的藝術種子

近年，台北市東區出現許多爭奇鬥豔、令人讚歎的小小文化地景、公共藝術與獨立商店，優雅逗趣的景緻已成爲年輕人呼朋引伴一起尋寶、享受驚呼、歡笑時光的休閒、逛街與購物熱門區域。這些創意空間，源自 2001 年、2007 年至今的富邦藝術基金會「粉樂町－台北東區當代藝術展」（Very Fun Park）計畫。「粉樂町」是一個創意策展的概念，透過自由開放的當代多元創意藝術展，讓藝術美學輕鬆的不著痕跡座落在城市的角落。粉樂町活動的主要精神在於以公共藝

1. 崔正化《會呼吸的花》。　2. 瑪格妲以毛線設計的《豬血糕》三輪車。
3. 吉川公野、蔡筱淇《祕密的花「源」》。

1 | 3
2 |

術創造一個傳遞快樂的角落，同時也是當代藝術的創意基
地，有別於傳統美術館的嚴肅氛圍，是一個小巷弄內無牆的
行動美術館，讓民眾在日常活動中實踐與落實藝術生活的理
想。

2002 年文建會修正「文化藝術獎助條例」第九條，關於公
共藝術設置的精神，從藝術品擴大到公共藝術，並將公共藝
術的定義擴增到平面或立體的藝術品及利用各種技法、媒材
製作之藝術創作，為「粉樂町」的巷弄公共藝術造景，提供
更多的可能性。至今，粉樂町計畫已經進入第九屆，前後十
多年間，展點從東區，逐步的延伸到信義區與松山菸廠，參
與的藝術家也從國內擴增到國際，甚至打開國際知名度，受

邀到國外參展，且獲得國內外許多獎項，儼然成為台北市重要的夏日「粉樂季」。歷年主題分別如下：2001 年的「一個走出美術館的展覽」，宣告巷弄美學概念；2007 年的「無牆美術館」，述說美術館的可親近性，並延伸到高雄夢時代巡迴展；2008 年以「彈跳前，屈膝蹬地的爆發力」為題；2009 年主題為「10：10｜笑率：效率」；2010 年的「仰望」，展點擴展到台北地標 101，並開始邀請國際藝術家創作；2011 年的「Light Up」，展點包括松山菸廠、信義計畫區；2012 年的「Power of Color」，展點包含松山菸廠、大安 56；2013 年以「HARMONY」為主題；2014 年的「擁抱」，開啟和城市對話之路。

擁抱，打開心胸為城市正向發聲

2014 年粉樂町以「擁抱」為主題，策展單位以動詞為展覽主題的主要目的有二：一是，企圖激發民眾親臨其境的行動力，強調「親身在場」的重要意涵，希望經由展點所建立的人、藝術與空間交會的平台及其展品所展現的精神，讓民眾對自身的生活空間能腳踏實地的深入理解與探索。其二「擁抱」是對待城市的主張，意指開放、接納、包容、欣然接受、支持與鼓勵，藉由活動醞釀民眾對於城市空間產生更自由的想像與情愫，並且引發話題、串連人群間的交流、互動，發揮主動關切的動能。

「擁抱」系列活動（2014.7.19 ～ 9.14），包括 Opening Party、粉樂好藝市、藝術推廣三大主軸。參展的共有二十八組藝術家，其中有十四位國際藝術家。第九屆的創作態度在於倡導以國際視野重新探索城市歷史古蹟及生態綠地，因此主要展場從東區移往松山文創園區、忠孝東路四段 553 巷，包括誠品生活松菸店、whiple Lip、陳季敏 JAMEI CHEN、

| 1 | 1.2014 粉樂町參展作品:Chemg . Xue《熱帶風暴》。 |
| 2 | 2.2014 粉樂町參展作品:淀川技術 YODOGAWA TECHNIQUE《黑椎雕》。 |

248

249

2012 粉樂町參展作品：比利時藝術家海蒂沃特的作品以 3000 隻電子錶構成，成為洋房大廳的奇特景觀。

Artista Perfetto、Café Showroom、日常生活咖啡、XIE XIE、沐樂動物醫院、松山文創園區公共區域等二十餘處，以及地標型的敦南、仁愛兩棟富邦大樓。

這次展覽，藝術家發揮天馬行空、無拘無束的無限創造力，使用的材質配合上述的環保精神更是五花八門、琳瑯滿目，譬如日本藝術家和田永的《時折織成—水平面之記憶》利用老式的盤式錄音機，創造的現場音樂，顛覆了固有傳統思維，正轉時磁帶緩緩下垂，每次積疊的形式不一，彷彿一場隨興演出，而在反轉倒帶時，出其不意的緩緩發出熟悉的曲調，令人不覺莞爾一笑；日本淀川技術的藝術家柴田英昭與松永和也，藉著在淀川撿回的廢棄垃圾創造的《黑椎鯛》，喚醒民眾的環保意識，河川是萬物的生命之源，不容破壞呀！澳洲 Pip & Pop 的《桃花源》，使用彩色糖、亮粉、工藝材料等日常生活用品，營造五彩繽紛的理想國度，充滿童趣；另外一位來自澳洲的 Buff Diss 以膠帶在建築外牆勾繪出希臘神話《尤里黛絲》，既細膩又柔美、精緻，為街頭塗鴉文化提供另類可逆的可能，值得反省；中國王郁洋，以電腦與《道德經》為媒材，擷取一段文字，運用電腦 0 和 1 將文字轉換為序列，再決定出 3D 作品的數位圖像，每次的圖騰不重複，頗有創意；台灣的藝術家游文富，以六萬支竹籤創造竹與光的律動藝術《竹變系列—粉白》，隨著時間移動以及光線的明暗，創造了融入空間且變化多端的地景藝術。各個展點、各項創作皆各有特色，藝術家及其作品為我們開啟和城市空間對話之門。

除了豐富的視覺藝術饗宴外，在週末休閒時光，也設計了「粉樂仲夏夜之電影野餐日」包括『設計師創意市集』『一起來野餐參』『戶外電影展』；「周先生與舞者們」的 2014 舞蹈旅行計畫，讓肢體藝術走進街坊，親近民眾；「粉樂搖搖擁抱日」包括『設計師創意市集』『粉樂町 XLINE@ 夏日搖搖購物日』；「粉樂講座」包括現地製作的無限可能，以及新媒體藝術—創造生活的驚嘆號，藝術家在現場創作表演，營造藝術與空間環境、藝術家與觀眾間的趣味對話；「愛的擁抱彩繪工作坊」，讓民眾動手彩繪藝術家的作品雛形；「粉樂電影」包括如《絕美極限》與《一首搖滾上月球》；以及「粉樂金旋創作演唱會」等活動。富邦藝術基金會可說是卯足全力，在短短的二個月間，讓各種藝術同時上演，讓更多民眾可以攜家帶眷的同樂，也使得各類藝術得以交會共鳴，熱鬧極了。

美學教育與金旋獎

「粉樂町」可謂是由民間主辦推動行動無牆美術館的城市美學運動，為台北巷弄的美感、古蹟歷建的活化，引領一股新思維與新潮流；富邦藝術基金會除了上述許多的系列活動外，為了培養年輕學子生活美學，也主動走進校園，和學校的相關活動結合，共同的推動校園美學教育。譬如，自 2012 年粉樂町活動邀請政大金旋獎的得主如曾維楨、李聖超、黑馬樂園、都是零件派對、高慶壹、劉俐、陳冠宇、鄭雙雙等人，在沒有舞台的限制下，舉辦一場「城市、草地、音樂節」，用音樂充滿空間、感動心靈。2014 年，粉樂町也特別邀請政大金旋獎當年得主少年白，

2014 粉樂町參展作品：Michael Johansson《 俄羅斯方塊》。

2014 粉樂町參展作品：Pip & Pop 《桃花源》。

以及歷屆得獎者，如柯泯薰、麻花捲怪獸、脆樂團等人，安排一場「粉樂金旋創作演唱會」，讓台北成為一個可以聚集多方音樂創作與展演能量的場域。

「政大金旋獎」成立於 1980 年代，至今已三十多年，初期為校內民歌比賽；2002 年更迭為校際性音樂競賽，曲風更加的開放且自由，包括民歌、流行、聲樂、搖滾、嘻哈、爵士、阿卡貝拉等，藉由專業評審團為台灣樂壇遴選許多優秀的新秀，成為校園學子躍上音樂人的重要舞台。歷年得主包括陶晶瑩、張雨生、陳綺貞、盧廣仲、閃靈樂團等知名音樂人，都從這個舞台出發，成為知名的主持人、藝人、歌手與樂團，對台灣音樂發展貢獻頗深。

透過金旋獎與政大藝術季之舉辦，一個沒有藝術學院、藝術系所的大學，卻培育了引領台灣風潮的重要人物。2012 年，粉樂町與政大年輕創意學生的邂逅，又創造出新的合作模式，不禁令人感到欣慰。這種碰撞始料未及，也是我們最期待的爆發性的效益，也印證台灣「藏富於民」的國家特色。

無獨有偶，URS 計畫

無獨有偶，公部門－台北市政府都市更新處推動的「都市再生前進基地 URS（Urban Regeneration Station）行動方案」，從文化資產與都市更新的角度，重新的開放與媒合許多台北巷弄的舊有空間，讓藝術家、文史工作室、學會、協會、基金會進駐，重啓喚起市民的文化記憶及振興舊商圈的生機。其中，其以門牌號碼的命名方式也是一種最佳的創意表現。

譬如 URS44，位在台北市大同區迪化街一段 44 號，靠近大稻埕碼頭，是迪化街商業帶最興盛地區，巴洛克式風格加上

現代式的精緻建築爲其特色，經整修後現由「歷史資源經理學會」管理，不但見證大稻埕的繁華，也透過與街區內外、國際間的聯結，開創更富歷史意涵的區域發展節點。該學會辦理許多在地性的活動。如 2013 年貨大街期間，邀請在地人爲大家說故事，喚起地域記憶與再出發的動力；2013 年丘如華秘書長帶領台灣藝術家參加日本瀨戶內國際藝術祭，以「染布部＋滷肉飯飄洋過瀨戶內」參與藝術展覽與亞洲廚房兩項活動，將台灣的家常菜與傳統漂染技術帶到瀨戶內與社區分享，透過煮食、實作、分享與體驗，一同思考如何因應亞洲國家共同面臨的全球化、少子化、高齡化等議題。其餘如近 URS21，位在台北市中山北路二段、民生東路一段東側的街廓，數十年前這裡曾是菸酒公賣的配銷處，荒廢多年後經由台北市都發局的 URS 計畫整修後，現由忠泰建築文化藝術基金會經營，成爲一個地區創意產學育成工廠，成效斐然。一點一滴由小小單位改善起的「針灸」計畫，也以時間的累積見證了變化中的台北市—由於文化治理的實踐，在基礎文化工程方面奠定了堅實的基石。

2008 粉樂町參展作品：黃美惠《PURE 開了一朵花》。

1
2

1. 在 URS21 的垂直村落展，具體的呈現 URS 跨國合作與國際互動交流的精神。
2. 粉樂町經由與商家協商將營業店面作為藝術展示的空間。

對空間美學的創新運用

台北的城市空間，透過民間如富邦藝術基金會的「粉樂町」活動以及公部門如台北市都市更新處的「URS」計畫，呈現出多元、繽紛、有趣的樣貌。這些成果均來自對空間美學的創意思考與創新運用，讓台北變得很不一樣。同時，透過這些活動與計畫的推動過程，也為台北市於 2016 年邁向世界設計之都，默默又踏實的指出經營「生活美學」基礎工程的方向，以及實踐落實「城市空間再造」的理路。我們深信，從這些小地方、小角落的改變，台北的整體空間、建築、街巷、住屋等風景，有朝一日也能成為國際人士必訪景點之一。台北的市容外貌、天際線實在不美，但在民間和公部門的協力合作下，改變是可以期待的。城市美學正在生活的細節中慢慢形成。讓我們共同期待台北市成為宜居、有趣、充滿活力的友善都市。

2007 粉樂町參展作品：葉怡利《Kuso 彩虹七仙子》。

座落於雲林麥寮的晁陽綠能園區，占地六點七公頃，有太陽能發電廠、農場、生態環境教育區與休閒設施。

創意綠產業｜一兆個太陽小宇宙

晁陽：太陽與土地的對話

從 2013 年起，連續三年，我經常往返往台北、台南兩地，和台南市政府各局處、成功大學劉舜仁老師所領導的規畫設計團隊，以及在地的文化工作者、農業、工業、漁業從業人員一起討論大台南的文化創意產業以及產業創新模式與策略。因爲這個機緣，關注焦點從文化藝術、城市創意等領域，擴及到較少留意的新農業與新漁業等層面。赫然發現，今日台灣的農村很不一樣，如土溝的美術村，以文化藝術重現農村的自尊與生機；而本文介紹的一晁陽綠能園區（註 1）（以下簡稱晁陽），則大膽的跨足太陽能科技產業，以及與其截然不同的農業生產與經營，意圖解決當今甚至未來社會即將面臨的核安、食安、糧安三大民生危機。來自台南新化鄉村，從兒時灌杜猴、釣田蛙等農趣記憶中，觸動晁陽董事長邱信富先生在投資太陽能產業的同時，也關心土地，友善土地，打破傳統的農業產銷模式，以「晁陽」「Solarfarm＝Solar + Farm，太陽能農場＝太陽能＋農業」爲理念，並以 iSunfresh 爲產品品牌，開發不一樣的農業企業經營模式。

新能源：生態環境教育

核能發電雖較便宜、乾淨，但也潛在許多不安定性的危險與恐慌。2011 年 3 月 11 日，日本福島核電廠重大的核洩漏危機，對生命、土地、環境造成的嚴重傷害，以及長時間不可逆的影響，歷歷在目，驚動世人，也感嘆無力回天。自十八世紀美國人富蘭克林發現「電」以來，「電」成爲民生與產業不可或缺的能源，時時刻刻都需要使用電，是人類文明與生活品質的重要指標之一，也是科學資訊得以發展與躍進的

註 1　屬晁陽農業科技股份有限公司，主要業務在推廣環保、永續、樂活、健康觀念與服務。

晃陽綠能園區旨在推廣環保，永續，樂活，健康觀念與服務。

重要基礎。而今，由於科技的正向迴旋發明，太陽能發電已成為許多國家重要的能源來源之一。

邱信富董事長原服務於金融業，2012年成立晃陽公司，投入替代能源的生產事業，同時推廣綠色能源與綠色環境、生態，提升太陽能場的附加價值。晃陽運用雲林崙背、褒忠、麥寮三鄉十二公頃的休耕田地，蓋了二十二座太陽能發電廠，以雲林充足火辣的日照，生產無汙染新能源，並轉賣給台灣電力公司。目前，該公司年產能可供應一千四百戶家庭一年的使用量。除太陽能發電外，晃陽將麥寮六點七公頃土地，結合環保與農村意象，開發綠能、環境、生態教育、以及體驗設施與活動，並即將被行政院環保署認證為環境教育場域（註2）。

在園區，有樹木扶疏、小橋流水的水生植物區；有圖文與設施具備的替代能源教學與體驗區，供參訪者親自體會發電的原理；也有各式各樣太陽能發電環保材質的玩具，如木製摩天輪、木製貓頭鷹等，讓小朋友體會可以自己動手做沒有電池的玩具，享受 DIY 的成就；也可以運用想像力自行創造一個「草頭寶寶」，將種子藏在裝滿培養土的絲襪內，慢慢的澆水，細細的觀察種子一點一點的從向光面長成滿頭綠色頭髮的樂趣。這些設施、規畫與活動，看似普通、微小與平常，但種種作為都指向晃陽的品牌概念「Solar Farm」，並發揮農地「一塊土地、多元運用」的價值。

註2 依據行政院環保署定義：環境教育設施場所係指整合環境教育專業人力、課程方案及經營管理，用以提供環境教育專業服務之具有豐富生態或人文與自然特色之空間、場域、裝置或設備。

1   1. 晁陽綠能園區栽種之有機蔬菜。
2   2. 晁陽結合在地農夫，共同行銷安心蔬菜盒。

晃陽綠能園區溫室內種植的過貓，並以其為餡料，開發「龜毛水餃」。

新農業：領月薪的農夫

近年，食安問題頻仍，從塑化劑、黑心醬油、黑心油品、黑心豆干等，重創人民日常用品與飲食的信心，也促使台灣的農業朝向有機、無毒、自然等安心農法發展。

由於太陽能發電場，有全罩式與半罩式兩種，除可吸收陽光轉化為光電外，穿透太陽能板的陽光，仍有餘光可供種植不需要太多光照的蔬菜。為了不浪費老天爺賜給大地的珍貴陽光、雨水，以及維持延續人類生命農田、農地本身的價值，晁陽公司實踐「生產、生態、生活，共創三生體驗」的農業價值。在「友善土地、環保耕種」的理念下，建設了循環式的儲水、供水、灑水系統，並根據農作物的特性，在全罩式的太陽能發電場下，設置精密控制環境溫、濕度設備，培養鮑魚菇、珊瑚菇、黑木耳等各種菇類，並飼養蟋蟀；半罩式則種植不需要太多日照，需通風的山蘇、過貓、秋葵等高山蔬菜，開創了太陽光電與高值化農業的複合應用型式，不但增進農地的利用效益，也開啟農業企業化的契機。

邱董事長雖來自農家，但務農非其專業，於是請來在地農夫、或有心從事農業的年輕人回鄉、下鄉，一起耕種，再以企業經營的方式整合行銷。因此，在晁陽太陽能場工作的農夫平均年齡僅有三十二歲，不但不必在高溫下耕種，也不必憂心採收後是否賣得出去，領的是月薪，何其幸福啊！此外，從土地到餐桌，在地消費以及縮短食物運送旅程是節能減碳，愛護地球的新主張。晁陽的產品採一條龍方式，自己生產、自己加工、包裝與行銷，提供在地、安心、新鮮、無添加、低溫、均衡的健康美味食物如「龜毛水餃（過貓內餡）」「健康鍋品」。他們的農作物在太陽能的溫室環境下生長，運用雨水回收系統、環保堆肥與生物防治，履行注意

水質、不用化肥、不用農藥的有機耕種理念；並透過消費者實際體驗採收，以及和虎尾科大主辦的農民大學合作建置，實施消費者參與式品管機制，提高安心食材品質的可靠度，讓使用者放心、愉悅的享受安全的食物。

其行銷方式，以體驗經濟為主，在園區廣設用餐區，邀請機關、團體、餐廳參加安心食材體驗之旅，就地體驗、取材享用，也因親身體驗而成為長期固定配銷或團購的會員，穩定營收。目前無實體店面，僅以官網、經營社群的方式推廣與銷售。而其產品，除自家生產農作物與手作食品外，並與產學合作，開放中興、明道、屏東科技、虎尾科技、嘉南藥理大學的學生到農場實習，合作開發在地食品。此外，為照顧在地的其他農家與農產品，連結、嚴選當地優良有信譽農民之安心、無毒且富營養的食材，以晁陽 iSunfresh 品牌行銷。銷配方式採集中處理、低溫配送方式，一方面敦親睦鄰，造福地方；另一方面整合行銷，供應來源充足、產品多樣化，也降低運送成本，塑造有利多方的精準產銷模式。

開創新糧食和新觀念

由於產業發展、氣候變遷等因素，可堪耕種的土地逐漸減少，人類終將面臨食用糧食不足的窘境。在興建太陽能農場的過程，發現到處有蟋蟀（俗稱黑龍仔），而蟋蟀是一種很奇特的昆蟲，只要環境條件不佳，即刻死亡。所以，有大量蟋蟀之地表示該塊土地非常健康，空氣品質佳，所栽植的蔬果必定也是有機、無毒且健康。蟋蟀與蝦子同門，有陸地上海鮮之稱，本身非常得乾淨，又含

1. 蟋蟀（俗稱黑龍仔）。
2. 蟋蟀達人安哥講解蟋蟀生態。

豐富的蛋白質，肢體有甲殼素，為中藥的素材也是健康的食物。晁陽認為未來蟋蟀可能是解決糧食安全的食材，因此除在全罩式的太陽能溫室養蟋蟀，又設立蟋蟀文化館，陳列蟋蟀的生態、故事，並邀請蟋蟀達人謝爵安先生駐場講解蟋蟀的一生、習性、教導如何養蟋蟀，也舉辦早期兒童最喜愛的「鬥蟋蟀」—「黑龍仔爭霸戰」活動，鼓勵小朋友養蟋蟀。

據晁陽的研究資料，2013 年 4 月 13 日至 15 日聯合國糧農組織的「森林促進糧食安全和營養會議」發布一項最新研究，昆蟲是來自森林的一種主要和隨手可得，且富含營養及蛋白質的食物；昆蟲是至少二十億人傳統飲食的一部分；全世界人類食用的昆蟲超過一千九百種，消費最多的昆蟲有：甲蟲（31%），毛蟲（18%），蜜蜂、黃蜂和螞蟻（14%），以及蚱蜢、蝗蟲和蟋蟀（13%）。現在，國外許多地方已有昆蟲的採集和養殖，可提供就業和收入，生產模式雖以家庭為主，而未來可以產業化。此外，昆蟲在食物、飼料方面的潛力幾乎尚未開發。而中國、柬埔寨、泰國、越南已有食用炸蟋蟀或蟋蟀入菜等習慣，也逐漸形成抓蟋蟀、養蟋蟀、開發蟋蟀食品、捕抓蟋蟀工具等產業鏈，蟋蟀的經濟價值逐漸提升。

有鑑於此，加上蟋蟀富有乾淨、營養，有利健康的價值，以及找回傳統童玩的娛樂效果。因此，晁陽在解決糧食危機上，以推廣蟋蟀文化、養殖蟋蟀、開發蟋蟀產品為主力，期待開創新觀念、新糧食。

新六級：綠體驗生活

近幾年，台灣許多農村、聚落或社區興起一場所謂六級產業、複合型的行銷模式。基本上，以空間為載體，結合在地

的農業初級（一級）×加工產品（二級）×在地文化、景觀、休閒、體驗、教育服務等服務（三級），成為「人進物出」的整合行銷遊程（六級）。

晃陽綠能園區也是一種結合綠能、食安、農業、環境教育、旅遊、餐飲、展覽等多功能合一的太陽能場，為複合式經營產業型態。園區設施多元，有水生植物區、健康館、綠能館、漂流木會議室、蟋蟀文化館、溫馨家庭房、宴會樓、檜木茶樓、焢窯區、可食風景區等，可說是應有盡有，十分方便與豐富。只可惜，每個館區或裝潢，較偏功能性，美學上稍嫌薄弱。但從 2012 年籌辦到 2014 年底即已開館營運，效率之快，誠屬難得。

正向迴旋：創意綠產業

晃陽的企業理念、實踐、管理以及品牌經營模式，可說是連結土地、生活與生態，善用科技與現代管理趨勢，創造新綠產業品牌，猶如我所提倡的「原鄉」×「時尚」＝「品牌」。然園區、或產品仍可再強化文化藝術的加值成效（如蟀哥龍妹品牌意象、空間美學、文創商品等），提升園區質感。

「一兆個因太陽而生的小宇宙」，晃陽從解決核安、食安、糧安等社會問題的角度，已開展出嶄新的創意產業模式，擘畫出農業企業化、農夫年輕化、產品多元化、糧食創新化等提升土地與產品的附加價值，促進在地就業、活化地方經濟的新綠產業雛型。這種產業創新模式，未來晃陽將以在國內，甚至遠赴國外複製為願景，期盼帶動更多人投入創意新能源、新農業、新糧食的綠產業行列，可說是當代農業的一種創業創新模式的實踐，值得期許與期待。

晁陽綠能園區之水生植物區。

Chapter5

文化產品

想像一下傳統鋼鐵產業的模樣，似乎很難把冰冷的板金與活潑的文化產業結合在一起？其實一點也不難，只要善用科技、藝術與工藝的加值，板金也能變成一個個創意產品。這些產品背後，有許多溫暖的職人故事，是堅持崗位的老師傅、是天馬行空的發明家、是創意無限的藝術家……等，因為這些職人的「頂真」，更證明了一切的夢想：「做，就對了！」

文化產品

鋼鐵的三則故事

東鋼傳奇

企業與藝術家的初次合作

東和鋼鐵是台灣著名的企業實體，董事長侯貞雄及其內人候
王淑昭女士不僅是台灣工業界受人尊敬的領導人，也是文化
藝術界的知音。侯王淑昭女士，大家稱她爲侯太太，是位自
小對視覺藝術多所接觸，會自己動手做貼布工藝，並對藝術
具備鑑賞能力的藝術愛好者、贊助者與企業經營者。1999
年成立「橘園國際藝術策展公司」，參與文建會所推動的「閒
置空間再利用」政策計畫，接下「台中二十號倉庫」之經營
權，開創台灣首例。開幕之際，我剛好擔任文建會主委之職，
對橘園的承接，深慶得人。在 2002 年，當橘園邀請美國藝
術家 Tash Taskale 來台駐村之際，期間因缺乏相關資源，大
師只能大材小用，做一些小件的金工作品。侯太太見狀深覺
可惜，於是提供自家苗栗廠廠房、鋼材並邀請藝術家進廠創
作，給予技術協助。於是 Taskale 順利完成一件高達六公尺
高的鋼鐵作品《許願樹》。這個作品裝置於二十號倉庫戶外，
成爲最醒目的地標。

2010 年第二屆東鋼專案藝術家林鴻文發表會。

在初次異業合作經驗中，東和鋼鐵員工對於能有機會與藝術家合作，感到十分有意義，這項創舉不僅豐富了他們的的視野，也提供他們接受不一樣的挑戰，進而發展出不同的技術。就在這樣的時空背景下，於 2006 年，當著名畫家江賢二先生對侯太太表示自己有意由平面轉向挑戰立體創作時，侯太太邀請江賢二進駐苗栗廠。在六個月中，江賢二完成了十餘件立體的作品，其中包括尺寸驚人的大型鋼雕，對藝術家的創作生命歷程立下重要的里程碑。這些作品也於 2007 年在台新金控大廳「平面與空間」個展中展出，而與江賢二共同合作的東鋼員工也來到現場共襄盛舉，對他們來說是人生中的第一次。

關鍵機緣：
企業涉足藝術領域，栽培藝術家

其實侯太太涉足藝術領域已久，這一切可溯源自 1978 年她與侯貞雄董事長開風氣之先所成立的「春之藝廊」。藝廊除了蒐集、展出台灣元老畫家的作品外，也主動邀約年青創作者參與展出，並以東鋼之名聘請青年藝術家領固定薪水來全心創作，這對青年藝術家們來說是多麼珍貴的機會呀！春之藝廊的成立，對台灣當代藝術的發展，發揮了關鍵性的影響力。接著，配合時代的腳步，成立「橘園」做了許多新的嘗試，接受政府委託，營運藝文空間，為藝術家架設平台，近期又成立「非畫廊」，開始涉入藝術出版經紀。侯太太一步一腳印，隨緣、開發、創造機會，衷心期盼台灣藝文素質的提高。

江賢二則是獨樹一格、著名的藝術家，畢業於師大美術系，與我也有很深的淵源，我稱他「江大哥」，是我父親陳慧坤教授的得意門生，他由巴黎、紐約、台北到台東，執著的做創作。在他的作品中，聽得見音樂的旋律，體會得到人生的哲思，更重要的是每幅畫作都是活生生的生命體現。他走遍世界，最後回到出生的土地，將台灣生命禮俗、宗教信仰、自然環境，圓融貫通，創出獨一無二的畫風。當然這樣一位藝術家，一定是懷抱「苟日新」的創作理念，在他想由平面突破走向立體之際，侯太太適時的參與，促成了美事。

2015 台灣國際蘭展邀請知名雕塑藝術家劉柏村創作打造《花中花》鋼鐵雕塑藝術作品。

2009 第一屆東鋼專案，劉柏村成果發表《非金剛群》。

藝術進駐生活

在上述的背景下，2008 年東和鋼鐵啟動了一項深具實驗性
質的三年計畫，這是與國家文化藝術基金會（以下簡稱國藝
會）合作的方案一「東鋼藝術家駐廠創作專案」。這方案藉
由國藝會推動「藝企合作」所制定之評選機制，選出創作者，
由東鋼提供場地、空間、專業機具設備、煉鋼用材、頂尖技
術團隊與人力支援、運輸物流系統等創作資源，讓藝術家駐
廠四個月，得以在最佳狀況下創作，跨越既有的困難，能自
由發揮、天馬行空的嘗試種種的不可能。

這個藝企合作計畫有別於國藝會以往的經驗，也有別於社會

東鋼專案，劉柏村之作品《金剛》。

上各企業贊助藝文的慣習，改變了以「金錢」贊助為主的參與方式，是以特有的環境、技術、人力資源來贊助，這些資源是創作者平日難以取得的資源，是有錢也買不到的資源，所以成果令人驚豔。這項合作案對東鋼而言，必須在日常作業的場域，尤其如鋼鐵廠這種高度重視工作安全的企業，因此能成事是領導人的特別體恤與員工對於藝術家到訪之期待，他們都釋出最大的善意與意願來做新的嘗試，可謂一種新的觀念、新的創意，新的化學作用在翻轉。

接下來的三年，東鋼邀請了六位藝術家陸續進駐，每人為期四個月，藝術家盡情揮灑的結果共完成兩百件作品，相當可觀。而過程中最讓人動容的莫過於藝術發揮陶冶人性之特

2011 第三屆東鋼專案，許力中之作品《堆疊的意象》。

質，在鋼鐵公司員工身上發生潛移默化的影響與見證，藝術對他們而言不再那般遙遠，是由陌生、認識、了解、體驗、喜愛到欣賞，當負責支援創作的東鋼員工們說：「在我把作品立起來的那一刻，我看到鋼鐵的另一種生命。」這句話，讓侯太太欣喜不已。

知名鋼雕藝術家劉柏村老師。

六位藝術家中，有次劉柏村教授與我分享他的感受時，他感恩地說：「我好似回到童年，我擁有想要的玩具，我可以盡情的、永無止盡的玩下去……。短短四個月我拚命的玩，那段時期，完成了也許在未來十年、二十年都無法實現的作品。我得到我作夢也沒想到的資源，這是再多的金錢也無法完整得到的資源。望著熊熊的火焰、鋼鐵柔軟的線條，我腦中浮出數不盡的創意，一頭栽進去，忘了時間，忘了周遭，樂此不疲，真是生命中最快樂的時光……。」

三年計畫結束後，東鋼藝術行動並未畫上句點。2014 年成立了「東和鋼鐵文化基金會」，繼續進行新的計畫，這次是邀請國內外各一位藝術家進駐苗栗的鋼鐵廠，展開為期三個月駐廠創作。第一屆邀請了國際著名雕刻家菲利浦·金（Phillip King）和台灣雕塑家劉柏村駐廠，東鋼將培育國內藝術家的行動擴展到國際合作的層級。

侯太太說，當她看到藝術家的作品、聽見員工的心聲，以及見到企業文化提升之時，內心猶如高溫的煉鋼爐，滿懷喜悅與感恩。她一步一腳印，隨緣、執行社會公益的善心作為，一個計畫孕育另一個計畫，每個計畫都認真執行，來實踐她「努力付出，腳踏實地，讓改變發生，即使一次只有一點點」的人生哲學。

落實夢想，做就對了！

東和鋼鐵將近四十年的努力讓我看到四個改變：

1. 環境、材料、技術、周邊各項支援的到位對創作者所能造成之巨大影響，完全翻轉藝術創作之宇宙。

2. 東鋼員工因與藝術家的合作而獲得難得的體驗，並因藝術家的要求而精進本身的技術，看到鋼鐵不同的生命面向，由工作中體會藝術之美，進而讓藝術進駐自己生活中。

3. 「東鋼藝術家駐廠創作專案」改變了企業贊助的方式，這項創新的觀念，擴大藝企合作專案不同的思維。

4. 文中所述各案改變了鋼鐵的形象，它不再是冰冷剛硬的材質，原來它也可以有表情、有故事、柔軟而溫暖。

最後，仍是回歸到執行面，一切的一切告訴我們任何夢想、理想，都需精緻、實質的操作才能實現，所以就是那句話「做！就對了！」

2010 第二屆東鋼專案，席時斌之作品《資源攻擊》。

1
—
2

1.2009 第一屆東鋼專案，張子隆成果發表。
2.2009 第一屆東鋼專案，劉柏村成果發表。

278

279

2010 第二屆東鋼專案，林鴻文成果發表。

鋼鐵奇幻之旅特展一百鹿園，林磐聳作品《福祿守護／福鹿守護》，以台灣蝴蝶與梅花鹿形成「福祿」的諧音，象徵台灣這塊土地有特有物種的「蝴蝶」與「梅花鹿」守護庇祐。

鐵漢柔情：百鹿園

鋼鐵變臉的故事

創立於 1981 年的谷橋工業，是深耕台中三十餘年的鋼鐵製造業，早期從事焊接代工、熱水爐製造，後來轉型為「機械鈑金加工」，透過造型設計工法的巧思，使原本質感冷冽的鋼材，蛻變成一件件具有個性、自然、生態、時尚、實用等不同旨趣的作品，為社會大眾提供一個嶄新的生活主張，原來鋼材也可以如此柔軟……。2014 年跨足文創領域，谷橋以新品牌「谷同金」透過「鐵漢柔情—鋼鐵奇幻之旅特展」，訴說他們脫胎換骨邁向「品牌」的故事。

谷橋工業是由六兄弟共同經營，可謂典型的家族企業，兄弟各有所司，其中老么洪文章就讀美工科系時，即開始利用自家廢棄鐵片創作，作品《萬物生長—昇華系列》曾得到台灣工藝研究發展中心良品美器競賽的肯定。因為洪文章熱情的投入創作，得到兄長的支持，谷橋近年開始將原本粗曠的鋼材，運用在生活中實用的傢俱、用品、擺設品的製作，實驗過程足足十年之久。

藝術加值百鹿園

2014 年「谷同金」特別邀請設計師程湘如擔任公司的品牌顧問，策畫了一場「鋼鐵奇幻之旅特展」，其中「百鹿園」最令人印象深刻。台灣梅花鹿為台灣特有種，因背上有白色似梅花的斑點而得名，曾是原住民與漢人的生活食物與經濟產業，為台灣早期生活的記憶。梅花鹿頭角崢嶸之勢，以及與生俱來的斑點，象徵無限上綱的創意點子。這些點子，好似祝福大家在人生旅途上可借創意無窮的魅力，開創無往不

利的境遇！以此概念出發、再延伸，谷同金以「刻雕」技術經「冶塑」工藝，再施予「復古潑彩」加值，賦予鋼鐵新生命。「百鹿園」為難得一見的集體創作，先打造出特殊的梅花鹿載體，接著百位設計師如林磐聳、程湘如、簡學義等共襄盛舉，在體裁上不拘手法、不限媒材，傳達個人的生活美學觀，創作出自己心目中獨一無二的「梅花鹿」。來到展場只見百鹿齊聚、氣勢磅礴，形成甚為壯觀的百鹿園。細觀每個作品因筆觸、刻工，加上不同媒材，可謂風情萬種、琳瑯滿目、別出心裁、創意滿滿。

鴛鴦、毛公鼎、女王頭

此外，展場另有「迴盪」「自然風化」「向故宮取經」三大系列，不只兼具巧思與美感，更將金屬工藝之特質展現無遺。「迴盪」系列是將生硬的平面鋼板轉化成柔曲動態並展現活力的不同動物造型，再透過鏤空雕工來表現各種動物特有花紋、姿態、特徵，呈現各種吉祥寓意，例如鴛鴦的「幸福相守」，敏捷獵豹的「擁抱天下」。

「自然風化」系列，取材自北台灣著名地貌女王頭；「向故宮取經」則是選擇膾炙人口的歷史文物毛公鼎、海棠福壽花瓶等。從展品中，可欣賞到許多創意手法，如多層次切片的方式解構並重新組建排疊，利用鋼材的堅實質感展現力度，透過柔曲或造型線條傳遞作品生命力，而其排疊的方式則孕育出立體空間的厚實感，將金屬鋼板賦予新的生命。

產業文創化的實踐

自我提倡「文化創意產業」以來已超過十年，由於屬文化部門推動的政策，「文化產業化」的成果較多，如故宮熱銷的

1.「迴盪」系列是將不同動物造型的平面鋼板轉成柔曲面展現動態活力,並透過鏤空來表現各種動物特有花紋、姿態特徵與吉祥寓意。圖為敏捷獵豹的「擁抱天下」。
2. 迴盪系列—鴛鴦的「幸福相守」。

文創禮品等，但也引領台灣社會走向新型態的創業與創意模式，如各縣市紛紛崛起的老屋欣力或 URS 等古樸小鋪或創意空間，均是文創產業的一環。近年，由於跨界、跨業、跨媒材蔚為風潮，也趨使傳統產業以其主業材料和藝術創造者或設計師產生連結，如劉柏村教授在東和鋼鐵駐場創作，為傳統產業注入「產業文化化」的新活水。

「谷同金」由黑手入門，白手起家，在由傳統板金領域延伸至金屬工藝創作的藝術領域之路上，善用科技、藝術與工藝的加值，帶動公司發展邁向品牌文創之路。這是台灣少數產業文創化的案例，也是從原鄉出發、時尚接軌，再造新價值的實踐，值得關注與鼓勵。

自然風化系列－女王頭「風華絕代」，「自然風化」系列將台灣著名地標－女王頭，打造成漸變的半立體派地貌造型藝術品，塑造一種虛實中的傳奇，台座上的風化木紋處理，與斑駁的女王頭復古潑彩結合，營造地標逐漸消失的歲月流逝感，具有傳奇與幻滅 的震撼力。

向故宮取經系列取自故宮博物院典藏的文物瑰寶中最知名、膾炙人口的典藏文物—毛公鼎、祖乙尊、青玉琮、粉彩雙連蓋瓶、海棠福壽花瓶，設計團隊發揮巧思以多層穿梭時空的手法重新解構此文物，作品在藝術擺件市場中另闢新境。圖為「海棠福壽」花瓶。

邱錦緞與日本設計 Nendo 設計工作室合作之作品《鐵竹椅—禪椅》，為傳統技藝打開另一扇大門。

頂真創意的時空膠囊：談邱錦緞與鐵竹椅

頂真的職人精神

何謂「職人」，此詞意指專心傳承守護著世世代代相傳的傳統技藝，並透過雙手製造出良品、精品的人。他們對自己本身的創作、製作有所堅持，對自我的職業志業懷抱著崇高的理想與無比的熱情，在古老的中國稱他們為工匠、工藝師，在日本稱為職人，也就是英文的 Craftsman。職人的共通點在於窮其一生，專注於一件事，而他們所擁有將理想與實踐合而為一的精神，我們稱之為「職人精神」。其實這種頂真的精神，可運用在各行各業中，尤其在變遷快速，所有事務都稍縱即逝的二十一世紀，職人精神更形可貴，它是讓我們尋回自我核心價值的萬靈丹。

邱錦緞‧鐵竹椅

邱錦緞生長於南投，竹子的故鄉，高中畢業後，便投入竹藝的學習，師承竹藝國寶大師黃塗山。她以無比的熱情，克服竹編艱苦的製作過程，用女性獨特的細膩思維，深入瞭解竹材堅韌的特性，以及難以塑形的困難，進而研發創新竹編新技法，並表達於自己的創作中。其作品散發出柔韌與堅強的特質，尤其表現在小的飾品上的各種竹編技巧，傳神又具靈氣，讓她與眾不同。如她與 yii 品牌合作的「碳纖維竹編椅」，是以層積竹片包碳纖維為主體，椅面則以六角孔穿花為紋飾，創造出新潮又帶著幽古情懷的竹編圖騰，加上碳纖本身彈力超強又耐重，讓椅子輕盈美觀又實用。

竹藝工藝家邱錦緞。

她對竹藝的愛不僅於此，還積極與現代國內、外設計師合

作，在傳統與創新的激盪中，尋求竹編在新世紀的新生命。2014 年，她受「金澤世界工藝三年展・台灣邀請展」之邀請與日本設計 Nendo 設計工作室合作之作品《鐵竹椅—禪椅與餐椅》，更令人歎爲觀止。Nendo 設計工作室是日本設計界的佼佼者，擅長於在不同風格中轉譯調性與美學的團體。他們的設計凸顯出簡潔與實用的美感，強調「重整日常生活中每一天，將之化繁爲簡」的理念。

爲了與邱錦緞對話，團隊造訪南投，深入竹鄉做田野調查；訪問當地工藝師、瞭解當地傳統工藝、研究當地歷史文化等，做爲創意合作的基本資料與基礎。在深入研究後，因考量溫度變化對竹品的影響巨大，以及思考未來大量生產的可能性，透過與邱錦緞互相研究與討論，創造出令人驚豔的《鐵竹椅—禪椅與餐椅》。《鐵竹椅》是將竹藝中之竹材例如竹管或竹編片，以永續使用的工業材料—鋼鐵來取代，延用竹藝的技法所創造出來的新產品，其困難之處在於鋼鐵取代竹材所衍生的技術開發。Nendo 團隊在邱錦緞的督導下，首先把鋼鐵切成薄薄的片段，加以細膩的編織，接著將編織的部分與人工彎曲的鋼管結合起來，形成一張具有竹材輕盈特質與柔順外表的金屬椅。這是以豐富的現代創意轉譯古老的傳統技藝，融入二十一世紀的日常生活中，落實了「重整日常生活中每一天，將之化繁爲簡」看似微小卻十分關鍵的理想宏願。邱錦緞爲傳統技藝打開另一扇大門，邁向未來大道，也讓日益沒落的竹藝，找到二十一世紀的新生命。

當今世界各國均重視的文化創意產業，著重於透過「產業升級」達到「品牌」塑造的生活產業，它需要文化的核心底蘊、科技技術的創新手法，以及時間的沉澱。傳統職人和現代創意設計雖屬不同領域，但同樣因「頂眞」而累積能量創出精品，雙方若能相輔相乘並互相成就，就能翻轉台灣。

邱錦緞之作品《鐵竹椅－餐椅》以豐富的現代創意轉譯古老的傳統技藝。

咸豐草的故事

咸豐草

咸豐草又名鬼針草，常見於台灣群山遍野的小徑旁，種類有三種：大白花、小白花及黃花；其中只有黃花是本土物種，大白、小白均是外來種。大白花花大多蜜，又有倒鉤刺的果實，且是多年生草本，遂成為最優勢的咸豐草，甚至影響到整個生態環境。日常生活中，常用它來作為消暑降火的青草茶，是具有清熱、解毒、利尿、散瘀消炎、健胃腸功效的養生飲品。其花雖不大、草不高，但一眼望去如千軍萬馬的大陣仗，卻也深植人民心中，靜靜地與我們的生活交織。

漆器

漆器，是一種台灣人陌生的工藝品，然而它卻在中國已有七千多年，在日本也有五千多年的歷史。日本奈良時代（西元 710 ～ 794），相當於中國的盛唐，也是古代中日文化交流的鼎盛時期，「唐風」席捲了日本，當時由中國傳過去的漆藝經日本人演化為具有日本民族特色的藝術。日本對於漆藝不斷拓展領域及品項，深深融入日常生活中，也因精益求精的精神大放異彩，目前成為西方世界認可的「漆國」。這現象反而忽略了根源的中國。

台灣漆藝，傳自福建，明清以來，雕漆神像、神龕均塗漆罩金；日治時期，頗受重視；但 1945 年以後日趨沒落，1970 年代更退為家庭工作坊形式，幾乎在常民生活中消失。

咸豐草漆器工坊

位於南投的「咸豐草漆藝工坊」，擷取大花咸豐草充滿泥土芳香的喻意，彰顯出與這塊土地密切結合的精神，是由彭雅玲及其夫婿陳偉毅所創立的漆器工作坊。彭雅玲是位工藝家，陳偉毅是由東海美術系畢業的藝術家，他們有感於漆藝在台灣漸漸消失，一份使命感讓他們義無反顧的投入漆藝世界，擔起傳承的責任，希望未來台灣的漆器能像大花咸豐草一般處處落地遍地開花，所以選擇在逐漸沒落的觀光小鎮「集集」，以熱情、創意、努力、毅力發想創意設計，製漆到完成，一步一腳印建立起夫妻倆理想中的漆器王國。說以生命來實踐，是因製漆的過程，由創作圖騰、塗上底漆、自然風乾、再次上色，其間必須經過反覆數十道再次上漆、自然風乾等繁複的流程，每個環節需要一定的時間，而過程則是漆人耐心的等待，細緻的觀察，生命的火花在此交織，而典雅精緻的作品如此緩慢的孕育而出，每個作品中，載滿了漆人兩個多月的心血，也因如此，特別令人動容。

來自作品的呼喚

與「咸豐草」結緣，我相信是來自作品本身的呼喚，在一次由文建會主辦的社造年會會展，我巡走於偌大的展場，而眼光不由自主地落在小巧玲瓏的漆寶盒上，晶瑩豔麗的紅漆，襯托著簡單樸實的咸豐草，正如同憨厚踏實的台灣人，將自身的豐采隱藏於親切謙和的笑容之中。詢問攤位的主人：「生意好嗎？」他們靦腆的回答：「成績不佳！」因為太喜歡眼前作品了，

咸豐草漆器工坊之《蝴蝶蘭長方盒》。

咸豐草漆器《球形珠寶盒》，晶瑩豔麗的紅漆襯托簡單樸實的咸豐草，令人驚豔。

當下毫不猶豫的買下攤位大部分的作品，一來可帶回去與友人分賞分享，另一方面也表達我的感動、鼓勵和讚美。美中不足的是，他們竟以舊報紙包裝，將這充滿張力的精品交到我手上。

當時我擔任國家文化總會秘書長之職，為了改進咸豐草在包裝上的弱點，於是邀約多位設計師團隊討論並協助，不只加強包裝，同時也設計中、英、日三國語文的「作品說明」，將其定位「精品」行列，陳列於國家文化總會「好文化」空間上架販售。接著在日後互動中，我又主動邀請咸豐草以「台灣蘭花」為創作核心內容，推出「台灣蘭花」系列作品。選擇蘭花，是因台灣是世界著名的「蘭花王國」，蝴蝶蘭（俗稱「阿嬤蘭」）讓台灣揚名國際，幾乎成為台灣的代名詞，產品推出後，由於識別清晰、認同度高，創下銷售佳績，至今仍是供不應求。之後，他們自己也以台灣常見的含羞草、日日春、馬櫻丹、牽牛花、百合花等生活周遭常見的花草為題材，開發了「台灣野花系列」。這些花卉生命力強代表台灣人民愈挫愈勇，堅忍不拔的韌性，當我轉職擔任國家戲劇院、國家音樂廳董事長之職後，也不忘把「咸豐草」帶進國家藝術殿堂中的「好藝術」空間。而咸豐草工坊就此展開與「鑽石台灣」這塊土地無盡的善緣、無盡的愛。

挑戰產業鏈中的各種難關

咸豐草的創業過程充滿困難，最大的挑戰來自於漆器產業鏈之不健全，所以由創意發想、商品設計、成品生產到文宣包裝、客群、銷售網絡之建立，處處遇到人才斷層，老師傅退休，年輕人繼承意願低落的窘境，尤其要尋到好的、理念相

同、配合度高的廠商及適當的銷售點又談何容易！幾乎夫婦倆在每一個產業鏈的重要結點都得親自一一面對、一一解決。很慶幸的是在多年努力奮鬥之後，已跨越困難，將漆器產業鏈建立完成，才能脫穎而出。

建立成功品牌的要素

綜觀整個過程，咸豐草品牌的建立主要要素如下；
1.產品內容的獨特性：咸豐草之創作發想以「鑽石台灣」為本，尋回人與土地、環境相融的關係，做出人性化、溫潤的作品。

2.手工繪製的唯一性：每一個產品都是純手工繪製，是以手感的溫度來傳遞品牌的高度與美感。

3.品質管控的嚴格性：慎選合作工廠及單位，選材選漆謹慎，製漆過程繁複卻不馬虎，百分之百的品質保證。

4.定位明確的精準性：定位客戶為中高層客群，尊重客人的意見，不斷精進改進，所以一路走來十年有成。

咸豐草是一個微型之文創實例，品牌建立於「獨特唯一」與「精緻溫潤」，我在此除恭喜他們，對他們也有更深的期許，希望在推動漆藝的路上，能為台灣創作有意義的漆藝藝術品，傳遞經典台灣的時代豐采。

1	2
3	4

1. 咸豐草漆器《秋石斛蘭》。
2. 咸豐草漆器《咸豐草大竹杯》（紅、黑）。
3. 咸豐草漆器《單支蝴蝶蘭大果盒》。
4. 咸豐草漆器《馬櫻丹相本》。

咸豐草漆器《蝴蝶蘭花瓶》。

期待翻轉偏鄉，引出眾人智慧
共同尋求解決方法

人生會往哪個方向走去是難以預料的，但重點是人總要自己先動起來努力做點什麼事，然後上天自有安排，祂會自然而然的把人導到一條道路上去。從幾年前我就在美國的論壇裡知道美國人對資訊教育的重視，麻省理工學院甚至開發兒童專用的程式設計工具，美國總統甚至親自公開演說希望美國人都來學寫程式，所以一剛開始我只是為了教自己念國小三年級的女兒寫程式。我的碩士班學生，李彥柏與陳秉文，知道我的想法後建議不如組個團隊到弱勢的場域去教孩子們寫程式。起初我們設定的是位於台南市的孤兒院或兒童之家，不過後來在一位從事多年社會工作的朋友的建議下，我們來到了嘉義縣東石鄉的過溝。沒有意外的話，這會是一個至少長達十年的偏鄉程式教學計畫，我們為了這個計畫取了個名字，Program the World，涵意是讓孩子們有能力用程式來打造幸福世界。於是過溝成為這個計畫的第一個基地，也因為過溝這個名字，才有了接下來構想中的「過河計畫」。

對小時候的我來說，家門前的溝對我來說就是一條河。那裡可以玩水，河裡面有魚可以抓，可是小小孩要先學會放膽走進到河裡，還要能過河，等到能在河裡開心玩耍後，還要學會回家後小心不要被父母親責罵。

長大後，經歷過許多風風雨雨，每每有卒子過河的感慨。卒子需要過河、如何過河、過了河要如何生存，這些都是問題。在過溝的這段時間裡，讓我思考過以前需要三到五年才可以累積的問題數量，其實這些問題歸納後不外乎是如何教學，

如何找資源，如何規畫下一步要做的事等等，但最重要的當然是這個計畫要如何生存下去。久而久之，我發現這不僅是Program the World 要如何延續生存下去的問題而已，還有我們教過的孩子們長大以後的生存問題，繼之想到目前在大學裡就讀的學生們未來的出路生存問題，接著又想到當前環境裡台南或甚至台灣的產業生存問題，以及之後的種種。這裡面每一個問題裡面又有無數小問題與小小問題，任意一個小問題都不是我一個人有辦法想出解法的，即使有解法，我一個人也做不來。因此興起架構出一個計畫的想法，請大家一起來想辦法。這就是「過河計畫」（Project CrossRiver）名稱的由來。

當前的台灣裡，不是卒子的人大概不多。如前所說，只要是卒子都免不了要過河，於是就有許多問題需要解決，讓我用這篇文章慢慢道來我一路走過來所看到的枝枝節節與想法，希望能就此引出眾人智慧，大家一起來找出解法。

計畫開始：Program the World

2013 年中，一股熱血驅動學生與我開始了 Program the World 這個計畫，完全沒想到資訊人該注意軟體工程裡的需求管理。開發初階課程快結束時才想到要先試教以及找地方讓我們可以去教。從自己與同事朋友的小孩開始教起的同時，我打電話到數個地方去詢問。三輪的試教很成功，可是包含育幼院在內的地方不是以學生學科課業為重，就是要我繳交完整教學方案提供上級審核為由讓我知難而退。所幸從事社會工作多年的好友提到，台灣隔代教養嚴重與資源極度缺乏的地區正是所謂的「不山不市」的地方，他舉了包含東石與台西的幾個地方。其中東石離台南最近。也許是上天的旨意，我的姊姊的朋友已經在東石從事兒童教育的工作多

蘇文鈺教授和成功大學資訊工程系同學一起推動的 Program the World 兒童與少年程式設計教學計劃－ 2015 寒假東石路得協會。

年，那就是東石鄉過溝的路得關懷協會的楊萌智女士。楊女士是位虔誠的基督徒。

過溝：向難關挑戰

與楊女士還有多位教會的老師的第一次會議裡，在討論完可能的上課方式與時間後，老師提出了一個問題，那就是，Program the World 是要到過溝教孩子們一個暑假，一年，還是更長？老師說，過去已經有太多學生團體來做義務教學輔導，可是都是來一下就走，不僅要花時間陪他們，還有，每次孩子們才剛跟大哥哥大姊姊熟稔一點，他們就離開了，他們怕我們也是如此。一時之間我實在答不出來。回到家之後

好幾天，數夜難眠。對於一個在大學教書，做的是工程研究的人，在乎的是自己的學術成就，同時也希望自己做的是信價比夠高，能有足量回收的工作。內心不希望幾年後回顧這一段時間後的結論是一無所獲。但是當想到，這件事假如我不去做，短時間內該不會有人會去，那麼東石還會是原來的東石，多年後台灣仍然還會是我幸福快樂的家鄉嗎？有一天，內子問我，「假如我在東石十年，卻仍一位學生都教不起來，我還願意去做這件事嗎？」這話一棒把我打醒，一個學佛之人，不就是要無所求嗎？哪來心中這麼多算計。我的師父聖嚴法師引用過虛雲老和尚的話對我們說過：「空花佛事，時時要做；水月道場，處處要建。」雖說世間不過是空花水月，眾生就是菩薩道場，身為一個老師，學生就是道場，離開了眾生就沒有菩薩，離開了學生也就沒有老師，我該去我看得到且最需要我的學生那邊去才對。至於個人的學術聲名反倒真是空花水月，就讓它去吧！

一個星期後，路得關懷協會與我們的團隊立下了一個約定，無論成敗，只要我還沒退休，我們要一起教東石的孩子，一直到有人能把教育孩子的棒子從我手上接過去為止。

從第一天的上課開始，我們就面臨諸多挑戰，現場與之前的試教完全不同，我們的團隊幾乎是見招拆招，除了講課老師與助教外，我負責機動的觀察與支援，記錄問題，以便在課後隔天檢討下週的上課方法。

從桌椅重新設定，學生座位重排，上課內容與方式調整到獎勵方式都是每週在改進。最後決定出動人海戰術，一個講師，加上九位助教，一起為十五位孩子上課。我們終於看到孩子學習的熱誠與成效。有一位孩子，第一個月我跟他說話都不願意回答我，第二個月偏著頭回答，到第三個月時開始願意跟我面對面說話，那種喜悅是難以用言語形容的。

期末的發表會在成功大學資訊系系館舉行，我們用遊覽車把孩子、家長、教會老師與一些國三沒能參加課程的學生一起載到台南，請大家吃平常很不容易吃到的麥當勞；也邀請贊助我們活動的朋友一起來參與學生的作品發表。每個孩子都自己上台講解自己的作品，然後由同學與來賓用投票的方式評分選出前三名。我可以從好幾位孩子的眼神裡看到光芒。所有 Program the World 的老師與志工們在那一天裡，所有的辛勞都因此而得到回饋。說真的，我們從孩子們身上所獲得的，遠比我們所付出的還要多太多了。當教會老師與家長跟我們道謝時，我說，該感謝的是我們，尤其是我個人，沒有孩子們，我們無法體會這麼多。

於是，力量很小的我發願，希望透過教育，把偏鄉變成樂土，我想像中，假如偏鄉能成為樂土，那麼我們的家鄉台灣也就會是樂土了。不過，我很快就發現了，單單靠教育，尤其是現在的教育方式，我的願望是不可能達到的，而即使孩子們可以學會一技之長，沒等到孩子們長大，很可能大環境已經惡劣到無法想像的地步了。

克服盲點：從孩子的角度出發

當工程學系的老師多年，我們在做的一直是教學生如何把東西做出來，卻沒教學生如何論述以便把東西賣出去。我猜測

商學院的學生學的是要如何賣東西，但是卻不知道能賣要賣的東西在哪裡，所有的人都要到職場去碰撞才可能學會。在台灣，難以想像為什麼美國代代都可以出現一些能做又會賣的孩子，不用說，如賈伯斯、祖克伯之類的。

我常對學生說，家裡有電腦，有網路，即使把工作的地點放在西伯利亞，都可以把東西賣出去。我希望能訓練與鼓舞學生勇敢的把自己的作品推銷到真實世界上去。這樣子，東石的孩子長大時，就會有一個範本可以參考。

實驗室裡任何事的第一次，過去我總是自己先來示範。可是對於一個五十歲，體力不佳，漸漸要變成嘴砲老師的我來說，要落實這個想法是有極高難度的。幾年來，群眾募資（Crowdfunding）成為沒有資本的創新家最快找到把東西賣出去的方法。事實上，Program the World 也是透過募資平台拿到贊助才能到東石去上課的，所以想像中，孩子們以後也是要從沒有資本開始的，所以我決定不用自己的專長來做一件產品，在這個產品的領域裡，我必須是個 Nobody。

最後，我選擇咖啡沖泡器具當做要上群眾募資平台的第一樣產品。也就是接連在國內的 FlyingV 與國際的 Kickstarter 達到募款標的的 Lulu's Hand，這個新式的手沖咖啡沖泡器。

建立經營模式：
Lulu's Hand 現身，改變手沖咖啡的世界

從一開始，我們就不希望像許多群眾募資計畫一樣，撈一票就算數。所以定位是精品、環保、永續的概念，與許多企業開創者一樣，目標是改變手沖咖啡的世界。不同的是，此計畫要改變的不止是咖啡，而是實現偏鄉即是樂土的一步棋。

與 Program the World 的計畫一開始類似，我也是找好兩位夥伴，一個是台南應用科技大學的許喬斐老師幫忙工業設計，一位是我的博士班學生林敬倫負責網路與上群募平台的工作。接下來是找代工廠商，於是我又再一次見證到自己真是過於天真。不過，這段經歷也直接促成了這個過河計畫的想法與成形，這是後話。

身在學術象牙塔裡多年，其實我並未對傳統產業有太多了解，只知道傳產一直因為外移中國與訂單減少而萎縮，這當然是問題，可是跟偏鄉教育的困難一樣，過去的我從來沒意識到其嚴重性。

傳統產業的經營者多半年紀超過五十歲，以代工為主，他們知道自己的困境，可是卻無力改變，價錢拚不過大陸，年輕人不願意來工作，只願意因為利潤確定不願冒險而只接代工的單，而小量或不確定性高的單也不太願意接。惡性循環的結果，有些工廠甚至剩下父子婆媳沒幾人在操作機器，工業區裡到處是閒置的廠房與空間，每關閉一間公司就是幾十個家庭會因而少一份收入。沒前景，找不到接棒與接班人，目前有些工廠的經營者之所以還不願關門只是因為不希望老員工們因此失業，因為轉業對他們來說實在困難。但是不管如何苦撐，這些工廠在接下來的五至十五年之間有許多都還是會面臨關閉的命運，也就是將會有以萬為計的人的生計會受到影響。這難道還不可怕嗎？

老實說，傳統產業的經營者也並不都是不願意接小量的代工，只不過他們還是希望之後要有確定的量的預估。台南事實上也不乏一些工廠在接在校學生（這是另一個問題，有機會在其他文章裡再來討論）的委託，不過這試做樣品的公司通常也不具量產的能力。最關鍵的是這些工廠基本上都是照

著你的委託照做收錢，並無幫忙再設計能力。因為我不願意誇口亂預測會有多少量，也希望找的是可以幫助我在設計製造上能進一步改進且有量產能力的廠商，所以找了好久才總算找到一家願意幫忙的廠商—尚益銅器。

尚益銅器的廖先生是聽到我的偏鄉程式教育計畫的理念，才願意幫忙的。另外一個原因是他是精品咖啡的愛好者，他的朋友裡不乏得過咖啡比賽冠軍的達人，如台北 4mano 的侯國全先生，所以在他願意跳進來之前也是事先問過他的達人朋友的。不過廖先生事先聲明，因為他的工廠還有正常的訂單，所以他必須要在工廠空檔才可以幫忙。廖先生不愧是傳產經營者少數可以自己開發產品，也擁有自己品牌的人。若是照我們的原始設計，生產的難度與成本都會很高，在他的協助下，我們一步步的修正到外形，功能與成本都落在一個較佳的妥協下，所以之後的定價才不會出現困難。也因為所有參與的人都不是全職的，所以開發過程拖了很久，但是也終於在 2014 年 9 月前定案。

Lulu's Hand 咖啡沖泡器設計草圖。

我想應該很少有一個簡單的手沖咖啡沖泡器需要的精密度在五條（0.05mm）以內，Lulu's Hand 的水閥門的構造就是需要這麼高的研磨精密度，廖先生的工廠也做不到這一點，而這樣子幫過蘋果產品的廠商竟然也是在台南找到的，台南可謂是臥虎藏龍。

此外我們遵循 Apple 在開發產品時都是用許多實際打樣的樣品來決定產品最後的樣子的做法。從一開始到最後定案，模具的數目與修改過的次數簡直數不清，每一次在電腦裡修過圖後，我們總是打一個樣出來再來決定是否有哪裡需要修改。外杯的顏色做出八種來選，連把手的厚度也是做

Lulu's Hand 咖啡沖泡器主要零件。

了四隻不同的之後才決定的。事實上，到開發的中後期的樣品在使用功能上都沒問題了，但是所有的夥伴都以最龜毛的態度，希望在預定成本內做到最精緻的地步。在國內最大的群眾募資平台FlyingV 一達標，廖先生與我就決定立刻投入一千個 Lulu's Hand 的生產。我們共同的想法是，一定要把 Lulu's Hand 的經營模式做起來，我們希望這個模式能夠在未來幫助許多人。

在國內外最大的兩個群眾募資平台成功達標

我第一次向廖先生解釋什麼叫做群眾募資後，他覺得不可思議，以他過去的經驗，應該不會有太多人願意買一個還沒生產出來的產品。他勉強同意上 FlyingV 來募資，不過也警告我假如要達標，募款金額寫個十萬元就好。於是，敬倫與我開始為了上架FlyingV 而準備，這中間有許多事要做，一來，我並不是個咖啡達人，所以我們請 Eske Place Coffee 的店主人 Tony 來幫忙。其次是要準備所有的文案與圖片，前者由我自己來負責，後者則是敬倫與許老師負責。最後是拍片。所有的群募方案，假如希望能募到夠多資金，多數都需要拍一部三到五分鐘可以吸引目光的好影片，但是因為預算不多，我們找了南台科技大學的團隊來幫忙，演員就只好自己來。

第一天上架，FlyingV 的金流系統出了問題，導致有些朋友想要來贊助都沒法繳款成功。我那時好擔心因為這樣而失敗，所幸在 FlyingV 更正系統後不到兩小時就募款超過十萬元了，我還記得廖先生反倒是最興奮者，在第一時間就打電話過來給我。募款在達到三十萬時慢了下來，可是過了幾

Lulu's Hand 協力廠商磨製咖啡沖泡器重要零件情形。

Lulu's Hand 咖啡沖泡器。

天，卻反而持續緩緩上升，等到募款金額超過一百萬時，廖先生說了一句我永難忘懷的話。他激動的說，原來這樣子也可以賺到錢，原來你們說的這個網路，還是社群什麼的，力量真的很強大。

一般對於群眾募資的成功與否的分析是以非直接相識的朋友的贊助人數多寡而定，假如都是親人朋友贊助，即使金額再高，在未來正式產品上市後成功機率也不高。敬倫與我分析過，所有夥伴的親朋好友贊助的人數不到一百位，而總贊助人數超過四百五十位。這讓我們多了不少信心。

在 FlyingV 成功達標後，原本我們並無意再上架到 Kickstarter 這個國際最大的群眾募資網站。原因不僅是因為在台灣會贊助我們的朋友多半都贊助過了。其次是 Kickstarter 同一時間的上架案件太多了，咖啡用具也不是當下熱門的 4C 商品，在沒有任何社群操作的情況下失敗的機率很高。不過，南星創速（SSX）的朋友願意幫我們上架，也願意幫一點操作上的忙，幾經猶豫後，Lulu's Hand 上架到 Kickstarter，而且把達標目標定在一萬二千美元。不意外的，有些台灣熱心的朋友上來贊助，但是在沒有什麼廣告的情況下，卻還是有幾十位外國的咖啡愛好者的贊助。我們查過，Kickstarter 上設計類商品成案金額在一萬美元以上的成功機率不到 5%。

許多人都跟我說，Lulu's Hand 成功了。我很心虛的說，其實從成功的觀點來看，我們不過走了還不到 10% 的路，因為在群眾募資成案的商品後來也能在商業上真正站起來的案例是不到一半的。之後的經營才是決勝點。所以，經營團隊開始訂購網站的架設，新的促銷方案的上路，從試量產版本進化

到量產版本，積極與通路商接洽，考慮參加的展覽，找尋其他合作夥伴。

重要的是，廖先生提議成立新的公司，重新定義工作方式與股份分配。令我訝異的是，廖先生希望成立的公司並非純粹為了 Lulu's Hand 的經營，而是為了更大的心願。那就是，他希望能用新的商業模式，幫助傳產廠商、年輕有能力創新創業的人，以及偏鄉的教育。這就是過河計畫的起源。

Lulu's Hand 合作模式：
眼光放遠，轉型才能生存

對於開發一件商品到底要花多少錢我一點概念也沒有。廖先生願意接下這個案子也不是為了賺錢。所以廖先生沒有像一般廠商一樣問我會有多少量，只是預估可能的開發費用給我知道。但是，他其實只預估了模具樣品費用，而且也事先不知道因為我的吹毛求疵會讓這個案子增加多少費用。沒多久，我就意識到我根本沒有足夠的錢來自力開發。廖先生知道我的困境，提出他願意負擔此後超出的一切開發費用，經討論後，他同意讓出權利給不用出資的許老師與敬倫，最後再加上，我們四人都同意將未來 Lulu's Hand 的利潤的 20%捐給偏鄉程式教育。這意味著，廖先生出資遠超過 50%，但卻只擁有不到 35%的權利。

那時 Lulu's Hand 到底能不能回本沒有人知道，這件事對經營利潤本就不高的傳產廠商的經營者是更不容易的。

廖先生對於當今的年輕人雖然也是頗多微詞，但是也清楚，台灣的未來終究還是要交到年輕人的手上，他希望自己子孫生活的台灣未來是有希望的，是幸福的。除了捐給教育的

20％，他希望可以做得更多。這次他更在群眾募資這件事上得到了一個結論，雖然他不知道網路與社群這些東西到底是怎麼回事，但是他了解這是一個能把東西賣出去的方式，他希望他的同業也能了解，甚至參與使用這一種模式，要做精品，把眼光看遠一點點，不要再搶低價代工的單子。給自己一個轉型與繼續生存的機會，也給有能力創新的年輕人一個脫離 22K 魔咒的機會。他說，他希望能藉由這次的經驗，也希望我可以幫忙，發展出一個模式來，一次可以幫助四代人，包含老一代的經營者，目前在線上工作的員工，畢業不久有創新能力有毅力的年輕人，與還在就學的偏鄉的孩子們！

這真是菩薩境界的人才會發的大願啊！

對於一個在學術象牙塔工作多年的教書匠來說，這是何等艱難的工作啊！我只不過是湊巧用網路與社群的方式把東西推銷出去一次而已，我的學術專長是工程領域，對於經營管理一竅不通，面對這麼重大的任務實在是感到惶恐。

幾經思量，加上與 SSX 的朋友的討論，我們決定以 Lulu's Hand 為經驗，努力經營一個平台與品牌。我們本來初期命名為 Lulu's Angels，但是討論出來的經營方式與一般天使平台不一樣，為免讓人誤會，於是我們把它重新命名為過河計畫。命名的源起正如同本文一開始的說明。當前的台灣，不是卒子的人應該不多，除了自己這顆卒子要過河生存下去，即使自己還沒過河，我們還是希望能幫助知道自己是卒子的人們也能過河。

過河計畫的發想：
建立從公益角度出發的商業模式

一個計畫若是可以產出好的產品讓工廠可以持續生存下去，就算是幫助到經營者與線上的勞工。這個計畫之內所產生的利潤的 20％會用來幫助偏鄉教育，所以可以幫助 18 歲以下的孩子。但是若無法幫助到即將畢業或是畢業沒多久的年輕人，就會產生斷層，即使我們把最年輕的世代教好，也是困難重重。這一點是煞費苦心的。

在這一兩年的 Kickstarter 案子裡，我觀察到一個現象。那就是提案的人（通常是美國人）若是年輕有創意卻沒生產資源，也就是供應鏈，那麼交不出貨的狀況很常見。因此越來越多提案者需要到亞洲來尋求供應鏈。其次，即使順利在結案後出貨，因為沒有後續的經營能力，所以就無法持續其商業運作，殊為可惜。因此，有一個很有用的商業模式應運而生。

這個模式除了自己會提案上群眾募資平台並且有一個電子商務平台協助成案後的銷售外，也幫助它認為「值得協助」的其他提案人找到供應鏈，並且利用這個共同平台來協助銷售。其背後細部的商業運作雖然未知，但是無非開發、代工、物流、管銷等等的費用分配。這個模式對於只有創意與原型機，卻沒有資金的提案開發者來說，無一是一大助力，尤其是這類的提案人通常是年輕人或是想創業的人（也就是俗話說能 0 做到 1 的人）。目前這已經是個很成功的商業模式，因為這個平台的創始人也知道一個人不可能有無窮無盡的創意，需要其他人來加入，藉由幫助別人，更延續了自己的成功。

以 Lulu's Hand 的開發過程來看，其實與這個商業模式的初期非常類似，所不同的是，Lulu's Hand 一剛開始其實是以社會公益的角度出發，本來就是用幫助他人的角度在做事。此外，對於在台灣經營有一個更大的優勢是高品質的供應鏈在當地就可以取得。以台南而論，鄰近的大學很多，各種專長的人才都有，當然了，有創意，需要協助的年輕人更是不少。若是能結合這些優勢，配合上好的行銷策略，這個環節裡的最後一塊拼圖就到位了。

這是一個讓四個世代的卒子都有機會過河生存下來的計畫。

過河計畫的模式

以 Lulu's Hand 為出發點。一個前述的創意發想者提案，經過平台的審核後，平台願意贊助他／她進行下一步的開發。此時，由平台出面尋找產品設計與供應鏈。

提案會分成兩種狀況。

首先，若是創意發想者為主要出資者，可以由幾位年輕的產品設計師來提案，類似一般建築案的競圖模式，然後由設計師與供應鏈共同合作把產品開發出來。如此可以滿足發想者自己開發自己想要的產品的慾望，當然，平台也會審慎評估，給與此創意適不適合被開發成產品的多方面意見。設計師將持有產品後續的利潤的 5％（或更多），供應鏈可以與主要出資者討論願意出資多寡與持有的比例。開發過程並不支付任何薪資，完全由後續銷售來分享利潤。

其次，創意發想者為只有創意與原型機，卻沒有資金這一類。願意投入的供應鏈需出資超過 60％，但是持有的產品

後續的利潤則必須低於 50％。平台除了以出資替產品背書之外，也會幫忙尋求其他出資者。重點是創意發想者不必出資，但是持有 10 ～ 15％（以上比例都可以視情況調整），條件是其必須與供應鏈共同合作一直到把產品開發出來為止。同樣的，開發過程並不支付任何薪資，完全由後續銷售來分享利潤。

我們期待的另一個效應是，假如負責產品開發的設計者或是發想者在經過產品開發時間後（通常是半年到一年半），與供應鏈之間更為熟悉彼此且能合作愉快的話，供應鏈會願意持續把工作委託給前述的設計或發想者，甚至假如前者願意進入供應鏈工作時，供應鏈願意付出高薪，甚至有一天可以把工廠經營交接。如此一來，若是工廠願意持續經營，才不至於陷入當前多數廠商找不到接棒人的窘境。

接下來，我們來看過河計畫裡的平台，除了幫忙審案子，維護供應鏈來源的穩定，協助產品開發流程，找資金資源外，還需要具有哪些特質與必要的工作呢？

首先，這會是一個提倡精品、創新，與公益的平台。所以經營一個精緻台灣產品的品牌形象是必須的。

平台除了必須有電子商務平台所需要具備的功能外，還需要當前已經成形狀大的網路與社群行銷，所以必須教導團隊如何進行社群操做。同時在需要採用群眾募資時也提供上架協助以提高達標成功率、募資金額與產品曝光能見度。

其次，在平台上以這個品牌販售的產品，20％的利潤必須要捐給偏鄉的教育。

再來是過河計畫希望做的是一個社會企業，所以如果獲利，將會用來支持更多的提案，股東並不分紅。股東都是因為希望以贊助平台的立場（類似群眾募資的 Backers）來幫助社會才加入的，不過，股東有第一手的提案資料。因此，若是股東願意的話，可以優先挑選優秀的提案來投資，若是進一步能夠在生產行銷等等方面協助，如此就可以因為擁有產品的股份（不是平台股份）在產品銷售後獲利。這就是過河平台精神，因為直接幫助創意開發者才是最重要的，也才能夠幫助越多的人。

品牌的經營需要的資源極多，對於新創產品與團隊來說是很大的負擔，過河計畫讓品牌的經營由平台來負擔與尋求資源。但是，若是團隊過於倚賴而無法獨立經營卻不是我們所樂見。過河計畫的重要目標是培植更多的品牌的創立，唯有台灣能有更多持續在產品創新並且能在國際上有銷售能力的品牌公司，生生不息，一代接著一代，台灣的未來才更有機會。因此對於由平台協助產出的產品我們也預想了新創團隊退場機制，也就是產品上線之後兩年就可以申請離開平台而獨立。對於產品畢業離開而獨立的機制，平台需要有配套的工作。第一，除了協助產品銷售，平台也會透過網路社群大力推荐設計師與供應鏈團隊，這一點類似時尚產品的做法。第二，平台要提供相關的訓練課程，這一點我們已經有創業加速器的夥伴來協助了。第三，協助獨立初期所需要的支援如金流、物流、通路等等。最後是在平台銷售時利潤的 20% 會以捐款的方式協助偏鄉教育，離開平台後此一捐助需重新檢討，同時也必須根據日後所成立的公司依照未來的營運模式重新進行股份的調整。

改變台灣的夢想需要大家來成就

《魔戒》裡的精靈女王對負責攜帶魔戒前往末日火山的佛羅多說：「即使是最微不足道的小人物，也能改變未來的方向。」

Lulu's Hand 團隊在今日的台灣，不管是在學術界或是產業界，我們的力量都非常渺小。不過，我們卻有改變台灣，偏鄉即是樂土的熱情與夢想。這個計畫是從偏鄉程式教育開始，其次是憂心年輕人的出路問題，繼之以群眾募資做為先鋒，然後是提出一個新的商業模式，也就是本文裡闡述的過河計畫，以公益、精品、創新創業為理想的社會企業平台，解決跨越四個世代的許多人們的生存問題，讓偏鄉孩子有出頭的機會，讓年輕人有接棒創新的機會，讓工人有工作的機會，讓工廠有持續經營的機會。然後，人們就有心以行動來回饋家鄉。最後以社區再造，讓偏鄉城為樂土，假如台灣偏鄉處處都是樂土，那麼台灣無疑是更大的樂土了。

註 1：蘇文鈺

國立交通大學控制工程系（現電機系）畢業，紐約大學理工學院電機系碩士與博士。曾任職（教）於史丹福大學電腦音樂與音響研究中心（CCRMA）、工研院電通所、私立中華大學資訊工程系，現為國立成功大學資訊工程系教授。提倡 Maker（自造者）教育，並自力成立 Program the World （偏鄉兒少程式教學計劃），在東石過溝教會實現長期的教學目標，希望孩子用程式打造幸福世界，將於 2015 年成立中華民國愛自造者學習會。2014 年，與夥伴共同開發 Lulu's Hand 咖啡沖泡工具並協助學生分別於 FlyingV 與 Kickstarter 體會群眾募資，以現行流行的方式推廣作品。目前致力於成立 Maker 教育工作室，並提出計劃冀望有能力的年輕設計師與傳產供應鏈廠商終能走出低薪與低價代工困境。

蘇文鈺教授（左二）與過河計畫團隊。

參考文獻

Chapter 1
國家品牌

《故宮月刊 343 期—康熙大帝與太陽王路易十四特展專輯》國立故宮博物院，2011.10

《故宮月刊 344 期—康熙大帝與太陽王路易十四特展專輯》，國立故宮博物院，2011.11

《中法藝術文化的交流—康熙大帝與太陽王路易十四特展 / 導覽手冊》，國立故宮博物院，2011.9

陳郁秀，〈太陽王路易十四與時尚產業〉，活動平台雜誌 41 期 p14~19，安益國際展覽股份有限公司，2011.8

陳郁秀 / 編著，《鑽石台灣：多樣性自然生態篇》，玉山社，2007

陳郁秀 / 編著，《鑽石台灣：多元歷史篇》，玉山社，2010.11

陳郁秀，〈2009 高雄世運會開閉幕式—藝術總監工作觀察報告〉，2009.9

《十年一觀—悲憫自然的身體史詩》，國立中正文化中心，2010.8

陳郁秀，〈台灣豐彩的理論與實踐〉，藝術家雜誌 469 期 p180~185，藝術家出版社，2014.6

陳郁秀，〈台南結·金·蘭— 三贏的文創力〉，兩岸傳媒 / 文創 6 期 p12~15，台灣文化創意產業聯盟協會，2014.6

Chapter 2
文化意象

陳郁秀·林會承·方瓊瑤 / 著，《文創大觀 1：台灣文創的第一堂課》，先覺出版社股份有限公司，

2013.7

陳郁秀，〈台灣豐彩的理論與實踐〉，藝術家雜誌 469 期 p180~185，藝術家出版社，2014.6

陳郁秀，〈台灣品牌—台灣紅、台灣青〉，活動平台雜誌 40 期 p14~17，安益國際展覽股份有限公司，2011.6

陳郁秀，〈尋找台灣的顏色—2012 台灣金〉，活動平台雜誌 48 期 p14~17，安益國際展覽股份有限公司，2012.10

陳郁秀，〈台灣豐彩〉，活動平台雜誌 57 期 p84~87，安益國際展覽股份有限公司，2014.4

郭士榛，〈紅、青、金—陳郁秀的台灣豐彩〉，兩岸傳媒 / 文創 4 期 p94~96，台灣文化創意產業聯盟協會，2014.4

陳郁秀，〈台灣豐彩—尋找自我的顏色運動〉，兩岸傳媒 / 文創 5 期 p12~15，台灣文化創意產業聯盟協會，2014.5

陳郁秀，〈台南結・金・蘭—三贏的文創力〉，兩岸傳媒 / 文創 6 期 p12~15，台灣文化創意產業聯盟協會，2014.6

陳郁秀，〈台灣艷光—台灣紅〉，兩岸傳媒 / 文創 12 期 pi2~15，台灣文化創意產業聯盟協會，2014.12

陳郁秀，〈台灣尚青—台灣青〉，兩岸文創誌《Smart Culture》2015 ISSUE 01 p12~15，台灣文化創意產業聯盟協會，2015.1

陳郁秀，〈敬天富足—台灣金〉，兩岸文創誌《Smart Culture》2015 ISSUE 02 p180~185，台灣文化創意產業聯盟協會，2015.2

白舒樺，〈陳郁秀，就是台灣原鄉文創〉，文創 Life 第 3 期 p22~25，三立電視股份有限公司，2014.11

陳郁秀，〈咸豐草的故事〉，文創 Life 第 5 期 p98~99，三立電視股份有限公司，2015.1

陳郁秀，〈藝術加值 鋼鐵變臉〉，文創 Life 第 6 期 p106，三立電視股份有限公司，2015.2

Chapter 3
文化空間

《國立臺灣歷史博物館年報 2012 創刊號 演繹歷史 榮耀臺灣》，國立臺灣歷史博物館，2013.12

《國立臺灣歷史博物館年報 2013 演繹歷史 榮耀臺灣》，國立臺灣歷史博物館，2014.6

國立臺灣歷史博物館，http://www.nmth.gov.tw，2015.2.1 瀏覽

陳郁秀 / 編著，《鑽石台灣：多樣性自然生態篇》，玉山社，2007

陳郁秀 / 編著，《鑽石台灣：多元歷史篇》，玉山社，2010.11

陳郁秀，〈綠色交響詩與蘭花圓舞曲〉，兩岸文創誌《Smart Culture》2015 ISSUE 03 p12~17，台灣文化創意產業聯盟協會，2015.3

《兩廳院經營誌─台灣表演藝術文創產業實務案例》，國立中正文化中心，2010.2

〈既原始，又現代─引領趨勢的法國布利碼頭博物館「座談會」〉，新活水雙月刊第 12 期 p74~83，國家文化總會，2007.5

〈垂直花園的新視角─在地．當代．「綠建築」座談會〉，新活水雙月刊第 13 期 p92~100，國家文化總會，2007.7

廖嘉展，《揉轉效應：新故鄉文教基金會邁向社會企業的經驗研究》，國立暨南大學公共行政與政策學系碩士論文，2012

江大樹，〈生態城鎮的轉型與治理：「再現埔里蝴蝶王國」行動研究〉，2013.8.15

廖嘉展，〈再現埔里蝴蝶王國的跨域合作治理〉

廖嘉展，〈桃米青蛙村到埔里蝴蝶的願景建構─兼談生態城鎮、生態・生計・生活與生命的揉轉效〉，《生態城市與綠色建築》，2014.8，中國北京

廖嘉展，〈紙教堂的再生─台日社會重建的集體成就〉

廖嘉展，〈基地、網絡與行動─新故鄉見學中心的創立、營運及夢想〉（原文已經國藝會收集，遠流出版，2013 年 3 月 18 日修改）

廖嘉展，〈新故鄉再現蝴蝶王國〉，文化部

再現埔里蝴蝶王國，http://bw.homeland.org.tw/recreate/index.php，2015.3.1 瀏覽

桃米社區發展協會，http://bw.homeland.org.tw，2015.3.1 瀏覽

文化部台灣社區通，http://sixstar.moc.gov.tw，2015.3.1 瀏覽

Chapter 4
文化服務

陳郁秀，〈2009 高雄世界運動會開閉幕典禮執行全紀錄簡報〉，財團法人白鷺鷥文教基金會，2009.5

《2009 高雄世界運動會開閉幕節目冊》，高雄市政府・財團法人 2009 世界運動會組織委員會基金會，2009.7

《高雄畫刊世運特刊》，高雄市政府新聞處，2009.7

陳郁秀，〈2009 高雄世運會開閉幕式—藝術總監工作觀察報告〉，財團法人白鷺鷥文教基金會，
2009.9

《2009 世界運動會—高雄 開幕式 / 閉幕式 精華版 DVD》，高雄市政府‧財團法人 2009 世界運動
會組織委員會基金會，2009.9

陳郁秀，〈在小角落遇見城市美學—粉樂町，傳遞快樂的藝術種子〉，活動平台雜誌 60 期
p94~99，安益國際展覽股份有限公司，2014.10

《2014 粉樂町—臺北東區當代藝術展》，財團法人富邦藝術基金會，2015.2

林崇傑，〈全球競逐下的台北都市再生行動：一個軟城市的論述與實踐〉，2012 蘆葦與劍研討會—
文化、空間與城市，財團法人白鷺鷥文教基金會，2012.9

張樞、王俊雄 / 主編，《臺北‧原來如此》，田園城市，2013.8

晃陽綠能園區，http://www.solarfarm.com.tw，2015.1.30 瀏覽

邱信富，〈晃陽綠能園區簡報〉，2015.1.17 拜訪晃陽綠能園區

Chapter 5
文化產品

東鋼藝術家駐廠創作專案，財團法人國家文化藝術基金會，http://www.ncafroc.org.tw/plan-list-
content.asp?Act_id=93，2014.12.30 瀏覽

藍恭旭，〈「東鋼藝術家駐廠創作專案」的緣起與執行〉，A&B 藝企網 http://www.anb.org.tw/

news5_show2.asp?tp=4&id=56&id2=653，2014.12.30 瀏覽

台灣文創精品 Good Chief 谷橋，http://www. 文創精品 .tw，2014.12.30 瀏覽

古同金，http://www.goodgold.com.tw，2014.12.30 瀏覽

陳郁秀，〈頂真創意的時空膠囊〉，兩岸傳媒 / 文創 7 期 p12~15，2014.7

〈浪漫優雅的台灣漆器 -- 咸豐草工坊〉，豐原漆藝家推廣中心，http://99.fy71.org.tw/?p=48，2014.11.20 瀏覽

〈傳承七千年的工藝之美～[咸豐草工作坊] 手工漆器〉，Simple Pleasure 簡單喜悅，https://www.facebook.com/media/set/?set=a.428426123913814.1073741836.192251537531275&type=3，2014.11.20　瀏覽

Lulu's Hand - coffee brewing kit，https://www.facebook.com/pages/Lulus-Hand-coffee-brewing-kit/1430005520614466，2014.12.20 瀏覽

Program the world 兒 童 與 少 年 程 式 設 計 教 學 計 劃，https://www.facebook.com/program.the.world，2014.12.20 瀏覽

資料圖片來源與致謝

國立臺灣歷史博物館 呂理政館長、羅欣怡組長
國家表演藝術中心國家兩廳院
Mr. Patrick Blanc
財團法人新故鄉文教基金會 廖嘉展董事長、顏新珠執行長
安逸國際展覽集團 翁桂穗策略長
財團法人富邦藝術基金會
晃陽農產科技股份有限公司 邱信富董事長
東和鋼鐵股份有限公司
財團法人國家文化藝術基金會
谷橋工業股份有限公司 洪文欽總經理、洪叡理執行長
咸豐草漆器工坊 彭雅玲女士
成功大學資訊工程系 蘇文鈺教授

Chapter 1
國家品牌

Chapter 4
文化服務

Chapter 5

文化產品

文創大觀2：台灣品牌來時路 / 陳郁秀著

初版.臺北市：先覺，2015.05

336面；17x23公分 （Creative；P0170002）

ISBN：978-986-134-252-8 （平裝）

1.文化產業　2.創意　3.臺灣

541.2933　　　　　　　　　　　104004492

Creative系列　02

文創大觀2：台灣品牌來時路

作　　　者｜陳郁秀

策　　　畫｜財團法人白鷺鷥文教基金會

發 行 人｜簡志忠

出 版 者｜先覺出版股份有限公司

地　　　址｜台北市南京東路四段50號6樓之1

電　　　話｜(02)2579-6600・2579-8800・2570-3939

傳　　　眞｜(02)2579-0338・2577-3220・2570-3636

郵撥帳號｜19268298 先覺出版股份有限公司

總 編 輯｜陳秋月

主　　　編｜莊淑涵

編輯顧問｜方瓊瑤

責任編輯｜賴淑惠・鍾旻錦

美術編輯｜葉耀宏・賈子寬

行銷企劃｜吳幸芳・涂姿宇

印製統籌｜高榮祥

排　　　版｜陳采淇

總 經 銷｜叩應有限公司

法律顧問｜圓神出版事業機構法律顧問　蕭雄淋律師

印　　　刷｜國碩印前科技股份有限公司

2015年 5月 初版

定價470元　　ISBN 978-986-134-252-8　　版權所有，翻印必究

國立臺灣歷史博物館教育展示大廳的常設展廳，
挑高無隔閡的融合空間呈現生動之歷史臨場感。